CIPFA Japan Textbook No.1

自治体病院経営の基礎

石原　俊彦

山之内　稔

関西学院大学出版会

自治体病院経営の基礎

まえがき

　自治体病院の経営状況は、これまでも多くの識者が指摘しているように、けっして良好なものではない。もちろん、総務大臣表彰や全国自治体病院協議会会長表彰を受賞する病院は、一定期間黒字決算を維持し、ほかの病院の模範となっている。しかし、どのような病院であれ、多くの経営課題を抱えている。自治体病院経営課題の一つに経営改革を推進する人材の育成がある。自治体病院の場合、病院のトップ・マネジメントを補佐するアドバイザリー・スタッフが不足している。病院に勤務するほとんどの事務職員は、自治体の人事ローテーションの一環として配属され、3年程度で次の職場に移っていくのが一般的である。

　本書は、病院にはじめて勤務する事務職員、病院幹部や医療スタッフを対象として執筆されている。第Ⅰ部は、市立病院を舞台に自治体病院が抱える課題についてエピソードを散りばめている。「森北市立中央病院」は実在する病院ではない。登場人物もまったくの架空である。しかし、これらのエピソードは、どの自治体病院でも起こっている日常茶飯の出来事である。森北市立中央病院のスタッフの思いは、多くの自治体病院で地域医療や病院経営に尽力する関係者と相通じるものがある。また、エピソード編では、病院経営について多くの課題を提起しているが、「解」を示しているわけではない。どう対応すべきかは、読者の課題である。その際第Ⅱ部は、第Ⅰ部のエピソードに対応する形で自治体病院の経営に必要な基礎知識を概説することで、読者各位が解を導くヒントを提供している。

　本書は、(一般社団法人)英国勅許公共財務会計協会日本支部のテキストブックシリーズ第1号として出版されるものである。英国勅許公共財務会計協会（CIPFA: The Chartered Institute of Public Finance and Accountancy）は、世界最大の公共部門に特化した監査、会計、内部統制、財務管理等の職業的専門家団体である。設立以降、130年の歴史をもち会計基準、内部監査基準、ガバナンス基準、財務管理基準等の策定を通じて、英国の地方自治体やNHS（国民医療サービス）における適切な

財務管理の実現に貢献している。CIPFA Japan は、その日本支部として 2013 年 12 月に設立が決定され、翌 2014 年 7 月 18 日に日本国内における一般社団法人としての法人格を取得した。（一般社団法人）英国勅許公共財務会計協会）日本支部は、日本の地方自治体における監査、会計、内部統制、資金管理等に関する専門的知識の啓蒙啓発と、これからの分野を得意とする自治体内部の人材（＝監査会計人材や財務管理人材）の育成を目的として設立された。わが国の自治体病院でも監査や会計等に精通する専門人材が活躍し、病院経営に寄与貢献することが期待される。そのことが病院経営の健全化の実現につながり、地域住民の福祉の向上に寄与すると考えられるからである。

　本書を執筆するにあたっては、豊田清一先生（宮崎県立宮崎病院名誉院長）をはじめ多くの関係者から丁寧な指導、的確な示唆をいただいた。この場をお借りして深く御礼申し上げたい。

　なお、本書の校正は、福知山公立大学地域経営学部教授の遠藤尚秀氏、福山大学経済学部専任講師の井上直樹氏、常葉大学経営学部専任講師の酒井大策氏、愛知工業大学経営学部准教授の丸山恭司氏にお世話になった。四氏ともに、関西学院大学大学院経営戦略研究科博士課程後期課程で筆者の一名である石原のゼミに所属し、研鑽を重ねて博士の学位を取得し学会への門戸を拓いた学徒である。ここに記して感謝申し上げたい。

　　2016 年 9 月

石　原　俊　彦
山之内　　稔

目　次

まえがき　　iii

第Ⅰ部　エピソード編　　1

　　　　　　　　　プロローグ　　3
エピソード **1**　　中間決算　　7
エピソード **2**　　オール森北中央プロジェクト　　15
エピソード **3**　　提案仕分け1　　21
エピソード **4**　　提案仕分け2　　29
エピソード **5**　　病院経営勉強会　　35
エピソード **6**　　市議会決算特別委員会　　43
エピソード **7**　　代表者会議　　51
エピソード **8**　　医局会　　59
エピソード **9**　　魅力ある病院づくり懇談会　　67
エピソード **10**　　人事異動　　75
エピソード **11**　　事務長研修会　　83

第Ⅱ部　概説編　　89

　第**1**章　病院経営と医療の質　　91
　第**2**章　病院の組織構造と内部組織　　101
　第**3**章　病院の収益構造　　113
　第**4**章　病院の費用構造　　121
　第**5**章　病院の経営指標と経営分析　　127
　第**6**章　病院経営と未収金　　135
　第**7**章　病院の経営破綻　　141

第 **8** 章　医師の確保　　149

第 **9** 章　看護職員の確保　　157

第 **10** 章　病院経営と医療技術部門　　165
　　　　　薬剤部門と栄養管理部門を例として

第 **11** 章　経営人材の育成　　175

　参考文献　　187

第Ⅰ部

エピソード編

プロローグ

　森北市教育委員会生涯学習課長奥山が教育長室に呼ばれたのは、3月20日の午前10時であった。その日は次年度の定期異動の内示が予定され、生涯学習課長在籍2年目の彼は自分にも異動の内示があることを予感していた。
　教育長室に入ると教育長が椅子に座るようすすめ、人事異動の内示を行った。
「奥山課長、人事異動の内示です。市立中央病院の事務局長に昇任です。おめでとうございます。2年間教育委員会でご苦労様でした」
「ありがとうございます。教育長にはご迷惑ばかりおかけしました。新しい職場でも頑張ります」
　奥山はお礼の言葉を述べて教育長室を後にした。生涯学習課に戻る前にトイレに行き、鏡で自分の顔をのぞくとやや紅潮しているのがわかった。役所勤めに異動はつきものである。市役所に就職して35年であるが、これまで13の職場を経験し、市立中央病院で14か所目である。今までの職場を振り返ると、総務部5年、税務部6年、企画部6年、都市整備部5年、市民環境部7年、教育委員会6年と医療や保健関係の職場での勤務経験は皆無であり、意外であった。生涯学習課で課長補佐の飯倉に内示の報告をすると彼は怪訝そうな顔をして尋ねた。
「課長は病院の経験はあるのですか」
「いや、はじめてだよ」
　奥山は素っ気なく答えた。生涯学習課には総括と業務担当との2人の課長補佐が配置されており、飯倉は総括、もう1人は業務担当である。業務担当が教員出身であるのに対し、総括補佐は奥山と同じく市長部局からの

出向職員である。飯倉が数年前に市立中央病院で医事課長を務めていたことを思い出し、昼食後少し時間がとれたので市立中央病院について聞くことにした。

　森北市は10年前に森竹市と北白市という二つの市が合併して誕生した人口37万人の県内有数の都市である。それぞれ森竹市民病院と北白市立病院を有していたが、合併後森竹市民病院は市立中央病院に、北白市立病院は市立南部病院に改称された。市立中央病院は、診療科や病床数など県内でも大学病院に次ぐ規模を誇っている。たとえば、診療科28科、病床数587床、年間の外来患者数20万1000人、入院患者17万2000人、職員数655人となっている。このデータを知って少し驚いたのは、森北市の職員数3800人のうち約2割が病院職員ということである。しかも、病院という職場は、医師、看護師、薬剤師、診療放射線技師、臨床検査技師等多くの職種で構成されているのである。病院の中で事務局長は、どのような役割を果たせばよいのか、奥山は飯倉に尋ねた。

　「病院勤務は初めてだそうですが、最初は慣れなくて苦労するかも知れません。しかし、何ら心配する必要はありませんよ。これまでの事務局長だって、医療、保健関係に縁がなかった人がほとんどです。それでも何とか回っていくというのが、市役所じゃないですか。病院は技術者の集団ですから役所みたいにオブラートに包んだような言い方をする人は少なく、はっきりとモノを言う人が多いですね。市役所以上にたくさんの市民が訪れますからいつも何かが起こっていますよ。とにかく巨大な組織ですから、これを回していく病院の院長や事務局長の苦労は大変だと思います。まあー、とにかく頑張ってください。いろんな面でやりがいのあるところですよ」

　内示から1週間後の3月27日に奥山は市立中央病院に赴き、現任の吉田事務局長から引き継ぎを受けた。引き継ぎ事項は、市立中央病院が抱えている課題が中心であった。たとえば、病院の経営形態の見直しがあった。全国の市町村立の病院は地方公営企業法の一部適用あるいは全部適用である。自治体病院については、地方公営企業法の財務規定等一部が当然適用される（一部適用）が、条例で定めることにより同法の規定のすべて

を適用すること（全部適用）が可能である。市立中央病院は一部適用の病院であり、市長が病院職員の人事権等を有している。全部適用になれば、市長が任命した病院事業管理者が職員の人事や組織の改廃等を行う権限をもつことになる。また、一部適用あるいは全部適用以外にも、地方独立行政法人化、指定管理者制度の導入、民間譲渡などの選択肢がある。森北市では、病院の自律的な経営のためには経営形態はどうあるべきか、数年前から内部で検討している。これ以外にも多くの課題・問題を半日聞かされたうえに、はじめて聞く言葉が多く、奥山は少々辟易した。

　引継ぎがおおかた終了し、院長や副院長の部屋を訪れ、挨拶した。院長の織田は、「うちの病院は職員数も多いし、患者も多い。いろいろと苦労をかけるかもしれないが、よろしくお願いします」と柔和な表情で言った。整形外科の出身であり、数年前まで手術を執刀していたとのことである。総括の副院長の村山は外来で患者を診察中ということで不在であったが、内科担当の副院長の浜田は在室していた。奥山が病院勤務は初めてであり、苦労をかけるかもしれないが精一杯頑張る旨挨拶すると、いきなり浜田は吐き捨てるように言い放った。

　「病院勤務は初めてだって！　市長のヤツ、まただド素人を送り込んできたな！　今度市長に会ったら、もう少しわかったのをもってくるように言っておくよ」

　外科担当の副院長の地村は部屋から外出するところであり、奥山がおきまりの挨拶をすると地村は「よろしく」とだけ言ってさっさと病棟の方に立ち去った。奥山は4月からここで仕事をするのかと思うとこれまでの異動にはない緊張を感じるのであった。

エピソード 1

中間決算

収益減少・費用増加

　森北市立中央病院は診療報酬の改定や施設基準の積極的な取得により過去5年間の決算は連続して黒字であった。年度はじめの4月は、事務局の財務課は前年度の決算作業のまっただ中であり、残業の毎日であった。ようやく決算のアウトラインが見えたのは5月の連休明けであった。事務局長室に財務課長の仲山以下3人が決算の概要を報告に訪れた。収益が146億1100万円、費用が144億7400万円、収支差プラス1億3700万円。すなわち、黒字決算である。前任の事務局長である吉田からの引継ぎでは、中間決算ではプラス2億円であり、通年では4億を超える見込みであった。それが、黒字になったものの見込みよりも3億円近く損益が悪化したことになる。着任したばかりの奥山には、その要因を追究する力量はなく、担当者の説明を聞くほかなかった。奥山は財務課の職員とともに院長の織田を訪れ、決算の概要を報告すると織田は安堵の表情を顔に浮かべた。院長にとって決算の動向は最大の関心事であり、黒字決算を維持することは大きな使命なのである。

　決算の概要がまとまって1週間後に院内の経営会議で総務企画課から4月の月報の報告があった。外来患者は昨年同月比でプラス0.5％だったものの入院患者はマイナス8％であった。「4月はドクターの人事異動で入院患者が減少するからね。今年の異動は例年よりも多かった」と副院長の浜田が発言して別の案件に話題は移った。

　5月以降も入院患者は、前年同月に比べ減少傾向は続いた。経営会議では診療科ごとの動向などが報告されたが、これといった対策は提案されなかったし、奥山は報告をひたすら聞くのみであった。

その年の夏は例年以上の猛暑が続き、多くの熱中症の患者が病院の救命救急センターに搬送された。それにもかかわらず入院患者数は回復しなかった。「夏が暑かったり、冬の寒さが厳しかったりすると、入院患者は増えるものだよ」というベテランの医師の言葉がなぜか奥山の脳裏に焼きついている。

　入院患者の減少が続くなか9月30日を迎えた。今日で上半期は終了である。上半期の決算は10月末に速報値がまとまる予定であり、入院患者の動向から中間決算が厳しいことは火を見るよりも明らかである。奥山は秋の夜空に浮かぶ三日月を眺めながらため息をついた。

　10月の最終週に財務課から中間決算の速報値の報告があった。やはり赤字である。半期で3800万円の赤字、ここ数年、中間決算で赤字になったことはない。入院収益、外来収益ともに減少している。費用では光熱水費のうち電気代や水道代が夏の猛暑のため大幅に増加している。委託料については、清掃や警備などの委託費が伸びている。これらは3年契約であるが、昨年10月に契約更新にあたって入札したところ落札金額が全体で3％アップしたからである。医療機器の保守点検料も軽視できない。前年度に国が創設した基金で購入したリニアック（放射線治療装置）などの医療機器について、今年度から保守点検費用が発生するようになったのである。もちろんその年の4月1日から施行された消費税率の改定もボディブローのごとく効いている。収益は減少し、費用は膨らむという最悪の事態である。何の妙案もないまま、翌日奥山は財務課長の仲山とともに院長に報告することとした。院長もある程度予想していたようであるが、院長に就任して以降連続して黒字決算を続けている自負があり、落胆の色は隠せない。院長の経営手腕は、市長からも高く評価されており、新たな施設基準の取得、DPC（診断群分類包括評価）の導入、給食業務の外部委託などありとあらゆる手段を駆使して経営改善を図ってきたのである。さすがの院長も困惑して沈黙が続いた。

　「奥山局長、自治体病院というのは、民間企業のように黒字額をひたすら増やせば良いというものではありませんが、一定程度の黒字でないと市民が納得しないと思います。赤字が続くと医療機器も買えませんし、屋根

が壊れて雨漏りがしても修繕もできません。挙げ句の果てには満足な医療を提供することができず、結果的に市民に迷惑をかけることになります。それでなくても、毎年一般会計からの繰り入れという形で税金が投入されています。ここは何としても踏みとどまって黒字を続けなければなりません。については、黒字決算へ向けてどのような対策が打てるか、妙案はありますか？」

　院長は、いつもは柔和な雰囲気を漂わせた温厚な人物であるが、丁寧な口調とはいえ眼光鋭く奥山に指示した。院長のミッションに応えるには、奥山は病院経営に関する知識や技能の蓄積があまりに不足していた。

　「申し訳ありませんが、1週間の時間をください。事務局内部で決算対策について増収対策と費用削減対策の両面から議論して1週間後に報告をもってまいります」

　奥山には1週間後の報告を約束するのが精一杯であった。

　その日の夕方、東京の医療コンサルタント会社の部長が病院の経営分析ソフトの売り込みに奥山を訪ねてきた。このソフトを使えば、出来高請求とDPC請求の差額が明らかになり、疾患ごと、症例ごとに、患者数や在院日数を分析することが可能となる。また、ベンチマーキングによってほかの病院との比較ができ、自院の強みと弱みを把握することで病院の経営戦略の策定に有効であるという説明が30分間にわたってなされた。冗長な説明に飽きた奥山は思わず聞いてしまった。

　「私どもの病院は上半期入院患者が激減して、このままでは今年度の赤字決算は必至なんですが、打開策はあるでしょうか？」

　「基本的には平均在院日数を短縮することが重要ですね。これが、今の医療政策のトレンドに合致します。危機的状況を脱した入院患者を素早く市中の病院に転院させ、在院期間を減少させることが、収益を増加させるポイントですよ。いわゆる、病診連携が大事です」

　待ってましたとばかりにコンサルタント会社の部長は持論を展開した。

　「で、明日から私たちは何をすればいいのですか？　居酒屋のように病院の門前で呼び込みや客引きを行えばよろしいのでしょうか？　今、私たちの病院に必要なことは、地に足がついた具体的な方策なのです。確かに

病院経営に関するデータを分析して対策を講じることも重要です。しかし、それはあくまでも中・長期的な戦略を構築するにあたっては有効でしょうが、お宅様のコメントは、今、私たちが直面している課題に対して的確な回答とはいえないのではないでしょうか」

　奥山はかねてからの疑問をぶつけてみた。院長から指示を受けた直後であったので、やや直截的な表現になってしまった。

　「……」

　部長からの答えはなかった。本当に明日からわれわれは何をすべきか？奥山は心の中でつぶやいた。

収支改善プロジェクト

　翌週の火曜日、奥山、副事務局長の星山、総務企画課長の村田、医事課長の岸田、財務課長の仲山等事務局の主要なメンバーが、院長室に赴き、「収支改善プロジェクト（たたき台）」というタイトルを付したA4用紙1枚の資料を説明した。これは、事務局の係長以上で勤務時間終了後にコーヒーを飲みながら議論し、総務企画課企画係長の高見がまとめたものである。

収支改善プロジェクト（たたき台）

1　オール森北中央プロジェクト
　　(1) 収支改善ワーキングチームの立ち上げ
　　(2) P&A（PROPOSAL & ACTION）運動の展開

2　収益確保プロジェクト（案）
　　(1) 新たな施設基準の取得
　　(2) 新規入院患者の積極的確保
　　　・地域の医療機関との連携強化
　　　・消防局等との連携強化
　　(3) 請求漏れ・査定減防止の徹底
　　　・査定率を現状の0.4％を0.3％以下に向上
　　(4) その他
　　　・年末年始休診時の治療（診療）実施

3　費用削減プロジェクト（案）
 (1) 後発医薬品導入の加速化
  ・本年度目標15.0%を16.0%に引き上げる（品目ベース）。
  ・加えて、金額ベースの目標数値を設定する。
 (2) 診療材料費の圧縮
  ・共同購入の品目数を増加させる等により、診療材料費の圧縮を図る。
 (3) 経費節約の徹底
  ・「経費節約20箇条」を作成し、これを全職員に配布するとともに、院内イントラネットの院内掲示板に掲示することにより経費節約を徹底する。
 (4) その他
  ・医療機器の導入については、後年度に発生する保守点検料等も含むトータルコストを考慮する。

4　その他
 (1) 経営情報のリアルタイムな提供
  ・経営指標、予算の執行等経営に関する情報は、常に直近の情報を集約し、提供する。
 (2) シームレスな行動の展開
  ・ここに掲げたプロジェクトは第一弾であり、切れ目なく第二、第三のプロジェクトを各部門、職員等との議論のうえ、実効性のある対策を連続して打っていく。

　院長はこのペーパーを読むと渋い顔になった。落胆の表情を隠すことはできない。
　「残念ですが、これだと実効性のある対策にはなりません。私たちに残された時間は11月から3月までの5か月しかありません。私が厳しい状況にあることに気がつくのが遅すぎたのかもしれませんが、できることはすべて実行する以外にありません」
　奥山がここで引き下がってしまったのでは、事務局での1週間の議論が無に帰してしまう。
　「確かに今回のペーパーは、あまり具体的な内容は書き込んでいません。しかしながら、まずは現在の病院の置かれている状況についてすべて

の職員が認識をもつのが重要ではないでしょうか。経営会議や代表者会議で月報を配布し、説明してはいますが、全員に伝わっているわけではありません。そこで、病院に働く職員が、共通の認識を共有するため、収支改善のための提案を募集することにしました。P＆A（PROPOSAL＆ACTION）運動の「P」、すなわちPROPOSALです。提案募集に先立ち、大変厳しい状況にあることをみんなで共有化するため、院内掲示板に「院長アピール」を掲載します。この院長アピールは、院長の名前で、院長の言葉で中間決算と全職員が一丸となってこの状況を打破しなければならないことを訴えていただきます。しかし、それだけでは不十分です。具体的なアイデアが必要です。現場の生の声、職員一人ひとりの肉声を収支改善に結びつけることが重要であると思っています。現場の職員のちょっとした気づきが思わぬ収益をもたらすかもしれません。私たちのような病院幹部や事務局が頭の中で素晴らしい方策であると思っていても現場が受け入れなかったら、画餅にしかなりません」

「しかし、このような提案を募集したところで自分のアイデアを提案する職員は、たくさんいるだろうか？　どうせ5人ほどではないだろうかな」

「私はこの病院に赴任して6か月が経ちますが、病院職員の経営に対する意識はかなり強いと感じています。自分の日常の仕事で感じていることを「提案」という形で表現すると思います。何より中央病院の職員は、病院に愛着をもっていますから」

「うーん、そう言われればそうだけれど、仮に提案が集まったところでなかには荒唐無稽な思いつきや自分よがりの要求がほとんどで使い物になるのは一握りだぞ」

「それは、十分考えられることです。しかし、そのことは、織り込み済みと思ってください。何より職員が自分の病院のことを案じてアイデアを考えることが重要なのです。危機感を共有することが一番の肝(きも)です。ご指摘のように実効性のない提案も多数提出されると思いますが、それについてはしっかりと仕掛けを施します。具体的には、ワーキングチームを設置し、そこで「仕分け」をします」

「「仕分け」というと具体的にはどうするつもりですか？」

「提出された提案を「実効性が期待できるもの」「中・長期的な課題として考えるもの」などに分類することが、仕分け作業になります。実効性が期待できるものは、事務局の方で具体的な着手に向けて検討を開始します。「中・長期的な課題として考えるもの」は、今すぐに着手はできないが、3年後、5年後というスパンでは、実現可能性が期待できる余地のあるものです。これに分類されるとおおかたは「お蔵入り」の公算大です」

「ワーキングチームは、どのようなメンバー構成を考えていますか」

「ワーキングチームの役割は、これからの病院経営にとって重要な役割を果たします。そのため、病院の各部門や各職種の総意をくみ取るような形にしたいと思います。かつ、人数は多くない方が議論を集約するのに便利です。できれば10人前後が適当と思います。具体的に申し上げましょう。座長は村山副院長、医師が3人、看護師3人、医療技術者2人、事務局から私1人です。ほかの事務局職員は、ワーキングチームの事務局として副事務局長以下5〜6人が出席して必要に応じて現状の説明などを行います。具体的な人選は後日院長に相談します」

「私はどういう立場になるのかね」

「院長は、メンバーの自由な議論を確保するためにも、正式のメンバーにならないほうが良いと思います。ただし、会議には毎回出席していただき、議論の行方を見守っていただくとありがたいかと思います」

「わかりました。事務局長のおっしゃる方向で進めてください」

「ありがとうございます。それでは、院内の手続きとして経営会議にこの案を提示し、了解を得たいと思います」

奥山や事務局の面々は、まずは院長の承認を得て安堵したが、ゴールはまだまだ遠いと思った。

エピソード **2**

オール森北中央プロジェクト

収支改善ワーキングチーム

　11月初頭に開催された経営会議で収支改善ワーキングチームの設置が承認され、メンバー選任は院長に一任された。ワーキングチームの座長には副院長の村山が就き、医師3名、看護師3名、医療技術者からは薬剤師、診療放射線技師の2名、事務局長の奥山の10名がそのメンバーとなった。院長の織田は正式メンバーにはならなかったが、オブザーバーとして会議には出席することになった。ワーキングチーム事務局の総括は、総務企画課企画係長の高見が担当し、診療報酬等に関しては医事課、決算等財務関係は財務課がバックアップすることになった。いわば病院事務局が総ぐるみでこのワーキングチームにかかわることとなった。

　11月10日の午後、第1回の会合が9階の9B会議室で開催された。この会議室からは、森北市内の南部が一望に見渡せる。森北市南部は、住宅地と農地が広がっており、市民の憩いの場である友岡公園や、市歌にも登場する早瀬川を見ることができる。11月ともなると稲刈りもすっかり終わり、冬の到来に備えている。

　会議の冒頭で院長の織田が挨拶を行い、このワーキングチームを設置した趣旨を説明した。

　「詳細な説明は、後ほど事務局から説明があろうかと思いますが、本年4月から9月までの決算、すなわち中間決算は大変厳しいものがあります。端的に申し上げれば赤字です。いくつかの経営指標を検証するとこのままでは、最終決算での赤字は避けられません。これまで5年連続の黒字経営でしたが、皆さんの努力で継続していたにもかかわらず、このまま途絶えさせるのは非常に残念なことです。病院のトップとして責任を痛切に

感じています。

　私は就任してこれまで決算のことはできるだけ言わないようにしてきました。それは、私たちの病院ではまずは医療の質を重視してきたからです。患者さんにどれだけ良質の医療を提供するか、これが私たちに課せられた唯一無二の使命だと思っています。おかげで地域がん連携拠点病院の指定をはじめ医療の質の面で高い評価を受けてまいりました。私は医療の質を追求すれば、おのずと経営の面でも良い結果が得られると思っていました。一方で、やはり決算の数字には、日頃から留意してきたのも事実です。私たち、自治体病院は、民間病院にはない多くの役割を担っていますが、これはひとえに一般会計からの繰入金によって支えられているといっても過言ではありません。また、5年間連続黒字だといっても、この繰入金がなかったら大幅な赤字です。繰入金は、すべて市民からの税金ですので、もし、赤字が続けば市民に迷惑をかけることになります。そのようなことから、10億円も20億円も黒字を出す必要はないと思っていますが、収支を均衡させることがきわめて重要であると思ってきました。

　ところが、本年度は赤字が必至だという説明を事務局から受け、これまでの取り組みは不十分であると反省せざるを得ませんでした。ここで踏ん張って今年度も黒字にするには、職員の皆さんの知恵と実践が必要です。そのために、このワーキングチームを立ち上げ、皆さんからこの難局を突破するアイデアをいただくことにしたところです。この会議は皆さん方が主体的に検討する場ですから、私は正式のメンバーとなっておりません。私が入らない方が、より自由な議論が期待されると思うからです。しかしながら、私もどのようなアイデアが出されるか、大変興味のあるところですので、オブザーバーとして会議室の片隅に座らせていただくようお願いいたします。オブザーバーですので、私自身は座らせていただくだけで、発言はまったくいたしません。また、座長は、村山副院長にお願いしました。きっと立派な改善策をとりまとめていただくことができるものと期待しております。ワーキングチームの皆さんにおかれては、是非とも熱心な議論をしていただき、実のある成果につなげていただきたく、お願いするものでございます」

挨拶が終わると院長の織田は深々と頭を下げた。メンバーは日ごろ柔和な院長とは違って厳しい表情に一同緊張感を覚えざるを得なかった。

次に、座長に就任した村山による簡単な挨拶の後、議事がはじまった。

まず、財務課長の仲山が中間決算の概要を説明した。

「先ほど院長からお話がありましたように、本年4月から9月の決算は赤字でございました。具体的には、資料の1頁をご覧ください。総収益69億3900万円、総費用69億7700万円、差引3800万円の赤字でございます。これを費目ごとに見てみますと、入院収益につきまして前年同期が46億9200万円に対し46億8100万円で1100万円の減少となっています。この要因としては入院患者につきまして前年同期が8万2184人だったのに対し、本年は8万1647人と537人減少したことがあげられます。外来収益も同様に前年の12億4400万円に対し本年は12億3600万円と800万円の減少です。外来患者につきましては前年の9万4176人に対し本年は9万1523人と2653人減っております」

次に、企画係長の高見が「収支改善プロジェクト（たたき台）」を説明した。

説明が終わるか終わらないうちに、内科担当副院長の浜田が質問した。

「「P＆A運動」って説明聞いたから何するかわかったけれど、効果あるのかな？　うちの病院で提案するほど意識の高い職員はいるだろうか？」

「先ほどの繰り返しになりますが、PはPROPOSALすなわち提案。AはACTIONすなわち行動。職員から収支改善についての提案を募ります。しかし、提案だけではありません。採択された提案はみんなで行動するのです。行動なくして成果なしです。病院職員みんなで収支改善策を考え、実行しようという趣旨です。「オール森北中央プロジェクト」と名づけたのもそうした考えからです。病院が大変な危機にあるということを職員の皆さんに知ってもらうことも収支改善にとって必要なことです」

日ごろはどちらかというと奥ゆかしい高見であるが、浜田の質問に対しては語気を強くしてきっぱりと答えた。

活性化する議論

浜田の質問を皮切りにメンバーの多くが次々に発言した。

「職員から提案のあったものは、すべて実行に移すのですか？　すぐに実現可能なものもあれば、明らかにたくさんのお金がかかり、実現できるかどうか疑わしいものも提案されると考えられます。また、効果があると思われるものから、ほとんど効果のないものまで多岐にわたると予想されます。職員からの提案について、整理が必要ではないでしょうか」

（看護局長　木原慶子）

「「収支改善プロジェクト」がまとまったら、織田院長から全職員に向けてメッセージを出してもらうのはどうだろうか？　病院がピンチだというのを訴えるには院長が一番発信力がある。もちろん、代表者会議でこのアジェンダを発表する際も院長からコメントをもらうべきだよ」

（医療連携相談センター長　田島圭二）

「病床利用率や入院患者数に関する情報は毎日提供してほしいですね。月1回の代表者会議だけでしか報告がないのでどうなっているのか職員は気になっているんですよ。院内イントラネットを活用するというのはどうでしょうか？　高見係長の仕事が増えて大変だと思いますが……」

（薬剤局長　花山陽子）

「診療科ごとの収支は出ないのですか？　毎月の代表者会議で配布される資料では、診療科ごとの入院患者数、外来患者数、稼働額、手術件数等は明らかになっていますが、実際にいくら費用がかかったかはわかりません。そこで、試みに診療科ごとの収入と支出を出してみてはどうですか？　収入が多い診療科でも多額の費用がかかり、実質赤字ということも考えられます。そうした診療科について、なぜそうなっているか？　どうすれば費用を抑えることができるのか考えてもらう、よい材料になると思います」

（看護師長　藤山信子）

「収入を増やせとか、費用を削れとか、そんなケチくさいこといっても、職員のやる気がなくなるだけだ。病院というのは製造業などほかの業態とちがってマンパワーがあって本来の使命を果たせるのだ。病院職員のモチベーションが上がるような方策を考えることも重要だ。おまけにわれわれの病院は自治体病院だろう。地域の中核病院として何をすべきかを議論すべきだよ」

［副院長（外科担当）　地村五郎］

「病院の現場は、毎日頑張っていると思いますよ。夜や土曜日、日曜日にも、当直・日直体制を組んでいます。年末年始に市役所が閉庁の時だって、いつ急患が来ても大丈夫なようにスタッフを配置していますよね。そういったことも、しっかりと評価してほしいですよね。決算書上の数字だけで病院を評価するのは、どうかな。医療の質をどれだけ高めているか、地域にどれだけ貢献しているかをPRしてはどうかと思います」

（放射線技術部リーダー　田谷浩二）

「医療スタッフのやる気を出すために、職員にもう少しインセンティブを与えたらどうでしょうか？　分娩手当、手術手当などほかの自治体病院でも採用しているところはいくつもあると聞いています。学会で発表した職員については、院長から何か記念品を贈呈してはどうでしょうか？　それがダメなら代表者会議などの場で表彰するというのもひとつの案だと思います」

（看護局副局長　十川聖子）

ワーキングチームのメンバーがそれぞれの考えを発言し、百家争鳴の状態になった。会議がはじまって1時間近く経過し、予定の時間になったので、座長の村山が議論をまとめた。

「まずは、職員の皆さん方から収支改善についての提案を募集し、それをこのワーキングチームで仕分けしたいと思います。また、皆さんからご意見のあったことについては、今後事務局で整理して院長に報告したいと考えますので、いかがでしょうか」

とくに、異議を唱える者もおらず、ワーキングチームの第1回会合は閉じた。

奥山は座長の村山にお礼を言い、自室に戻った。自室で今後の展開を考えていると企画係長の高見が訪ねてきた。

「今日は資料をしっかりとまとめてもらい、わかりやすい説明をありがとう。メンバーが積極的に発言してくれて大成功だよ。今日のところはわれわれのシナリオ通りだったね。次は、P＆AのP、提案募集だ。院内イントラネットをはじめ、いろいろな手段を使って職員にアピールしてほしい。危機感を盛り上げ、病院組織に一体性をもたせるのが、この取り組みの第一のねらいだ。このプロジェクトが成功するかどうかは高見係長の

双肩にかかっているよ」

　「はい、わかりました。チラシの配布、診療部門のカンファレンスでの説明等院内のムードを高めるため、知恵と工夫を凝らしたいと思います。事務局長も協力をよろしくお願いします」高見がきっぱりと言った。

　「秋の日はつるべ落とし」という諺のとおり事務局長室から外を見遣るとすでに外は真っ暗になっていた。

エピソード **3**

提案仕分け1

提案募集

　その年の11月、森北市立中央病院の収支改善プロジェクトが始動した。まず、「P＆A運動」として職員から病院の収支改善に役立つ提案の募集が始まった。募集期間は2週間、対象者は病院に勤務するすべての職員とし、提案の方法は直接持参あるいはメールでも受け付けることとした。院内イントラネットを使って提案募集を周知するとともに、企画係長の高見が診療部門のカンファレンスやスタッフ会議に出向き、「P＆A運動」の趣旨を説明した。併せて、病院のスタッフルームを中心に院内のあちこちに高見手作りのポスターを掲示した。このような取り組みが功を奏したのか，高見のところには何件か問い合わせが来るようになった。

　「この提案は、収支改善に直接結びつくものでないといけないのか？」
　「モチベーションアップの取り組みも必要ではないか？」
　「費用や効果額について具体的に算定する必要はないのか？」
　「個人で提案しなければならないのか？」
　「グループで提案することはできるのか？」
　「採用されたら賞金は出るのか？」
　なかには手厳しい意見もいくつか寄せられた。
　「収支のことばかりを考えすぎ。市民によい医療を提供するために、何ができるかを議論すべきではないか」
　「赤字、赤字というが、まだ中間決算段階ではないか。あまりにも騒ぎすぎである。病院スタッフを信頼してほしい」
　「一体、中間決算での赤字の原因は何なのですか？　これをしっかり分析して私たちに提示してください。何か私たちが悪者にされているようで

悲しく思います」

　そして、高見のメールアドレスには、毎日数件ずつ提案が送付されるようになり、締切の3日前からは10件を超えるようになった。募集期限の翌日の11月28日に奥山は高見とともに報告のため院長室に赴いた。奥山は提案の一覧表を院長の織田に見せながら説明した。

「合計で128件の応募があり、応募者は61人です。なかには1人で18件も提案する職員もいましたし、5人連名の提案書もありました。病棟で議論したところもあるようです。私が当初予想した以上の反響ですね。たった2週間でこれだけの提案が集まるとは、あらためて中央病院の底力を思いしらされた気がします」

「数は集まったけれど内容は実効性のあるものから、病院に対する待遇改善要求に近いものまで、多岐にわたっているね。これから、これらの提案を如何にして整理するかが重要だ」

　織田はコーヒーを啜りながらいつもの冷静な表情を崩さずに感想を述べた。

「来週早々、ワーキングチームの会合を開き、仕分けを行います。座長の村山副院長が上手くとりまとめていただけると思います。病院の危機的状況を経営幹部と職員が共有することが、経営改善にとって最も重要なことですから第一段階は予定どおりといったところでしょうか」

収益確保策

　翌週の12月2日、第2回のワーキングチーム会合が開催された。まず、高見が提案の応募状況の説明を行った。応募件数や応募した職員数、そしてカテゴリー別の提案数を報告した。

「提案数128件のうち、お手元に配布の資料のとおり増収に関するものが51件、費用圧縮に関するものが47件、その他が30件となっております。内容を見ておわかりかと思いますが、すぐに実行できそうなものから実施まで数年かかるものまで「ごった煮」状態ではないかと思います。そこで、前回座長からお話があったようにワーキングチームの皆様に各提案について分類していただきたいと存じます。具体的に申し上げますと、

「すぐに実施できるもの」はＡ、「実施可能であると思われるものの現状分析や効果についてさらに精査が必要であると思われるもの」はＢ、「その他」はＣという仕分けになるのではないかと考えられます。たとえば、この分類でいくとお手元の資料の「診療報酬の請求漏れを防ぐ」はＡという判定になろうかと思います。各診療科におかれてはレセプトに診療行為を記録していただきますが、それが完全でないために国民健康保険連合会などの支払機関に請求できないケースが見られます。このため、医事課を中心に診療科に記載漏れがないように日ごろからお願いしておりますが、この取り組みを強化する必要があろうかと思います。これは今日からでも実施できる提案であると考えられます。

　一方、「透析台の増設」はＢが適当かと思います。現在、本院では透析台は８台設置してあり、ほぼフル稼働の状態です。これを増設すれば確かに増収につながります。一方、現在の透析室は余裕がなく、あらたに透析台を設置する場合どこに置くのかという問題があります。それからスペースの問題以上に重要なことは予算の問題です。本年度の予算に透析台増設は計上されていません。また、次年度の予算要求については11月中旬に健康福祉部を経由して総務部財政課に提出いたしましたので、増設するまでには時間を要し、実施されるのは次の次の年ということになろうかと思います。したがって、今後透析台の増設については、その必要性、増収の見込み、設置場所、増設台数、設置費用等を検討していくことが肝要です。それから言い忘れましたが、増設台数にもよりますが看護師を新たに増員する必要があるかということもポイントになろうかと思います。

　また、「収益の少ない診療科は廃止する」はなかなか判断がつきにくく、私はＣという判断をいたしました。まず、「収益の少ない診療科」が把握されていないことが大きな理由です。提案者がいう「収益の少ない診療科」とは収益と費用を比較した場合費用の方が多い、つまり赤字の診療科のことであると思います。これを掴むためには診療科ごとに原価計算を行う必要があると考えられるのですが、私どもの病院では採用していません。また、仮に原価計算を行って収益に比べて費用が過大である診療科があったとしても、「廃止云々」は大所高所からの判断が必要であると思われます。

このワーキングチームで議論するのではなく、きっちりとしたデータに基づき院長はじめ幹部で検討すべきことであると考えます。今、申し上げたことは私の個人的な意見であって、当然のことながら皆さんの議論によりワーキングチームの判定は決定されます」

高見の説明を受け座長の村山がメンバーに問うた。

「それでは、ただ今の事務局の説明のとおり仕分けを行いたいと思いますが、いかがでしょうか？」

各メンバーとも異議はないように思えたが、内科を担当する副院長の浜田が発言をした。彼は日頃から辛口で鳴らしている。

「「診療報酬の請求漏れを防ぐ」という提案がなされており、事務局としてはＡにグレードづけにしたいとの説明がありましたけどね、僕としてはその案に異存はありません。ただね、実際に記録が抜けていたために診療報酬の請求ができない、これは由々しき問題だと思うわけですね。病院に損害を与えるのと同じことですよ。そこで、そうした実態を事務局は把握しているのか、把握しているのであれば教えてほしいですね」

困った顔をして高見が答える。

「申し訳ありませんが、記録が抜けていたために請求漏れがどの程度発生しているかについては事務局としては詳細に把握しておりません。具体的な事例を申し上げますと、「特別食加算」があります。これは、医師が必要な患者さんに対して特別治療食をオーダーするのですが、レセプトに記録がないために診療報酬を請求できないケースが生じることがあるというものです」

「浜田先生、そのような請求漏れはレセプトを逐一チェックしないとわかりませんね。高見係長を困らせないでくださいよ。各診療部門に記録漏れが発生しないように徹底する。その方法としては院内イントラネットの活用や診療科のカンファレンスで周知することなどが考えられます。この場はグレードづけの考え方を整理するのが本論です」

外科を担当する副院長の地村が助け舟を出し、浜田はそれ以上の突込みをしなかったが、次は医療連携相談センター長の田島が発言した。

「高見係長の説明にあった診療科ごとの原価計算、これは是非実現して

ほしいですね。これは前回の会議でも要望しましたが、稼いでいる診療科とそうでない診療科の差が大きいと感じています。先月、学会で大学の同級生と会った際にその病院では診療科ごとの原価計算を採用していると聞きました。事務局は原価計算の勉強はしっかりやっているのか甚だ疑問に感じます。院長もこの会議にはお見えになっておられるし、是非検討していただきたいですね」

　田島は院長に振ったつもりだったが、答えたのは奥山であった。

「確かに診療科ごとの原価計算は重要であると感じております。原価計算を実施することにより今まで明確でなかった診療科の原価対収益の状況が明らかになる訳ですから、病院経営の問題点の把握が可能となります。一方、実際に導入した病院は検討に着手してから本格実施まで数年かかったと聞いております。このため、まずは先進病院の事例などを収集し、必要に応じてすでに導入している病院への視察も検討していきたいと思います」

　奥山のまるで議会答弁のような回答が終わるや否や浜田の院内ピッチ（PHS）がけたたましく鳴った。電話の様子から浜田の患者の容態が変化したことがうかがえる。

「申し訳ありません。病棟から連絡があり、私、病棟に戻ります」

　こう言って浜田は早足で会議室を後にした。奥山はこの光景を見ていつもながらのことだと感じた。会議の時にピッチの呼び出し音が会議室に鳴り渡ることなど市役所本庁ではあり得ないことであった。これも重篤な患者を常時数百人も抱えている急性期病院ならではのことであると奥山は思った。浜田と田島の質問に思わぬ時間をとられ、村山は質問を打ち切り本論に入ることとした。

「とくに、異議がないようでしたらこれから仕分けに入りますが、あらかじめ事務局で「増収策」「費用圧縮策」「その他」のカテゴリーに分類しておりますので、これに沿って判定します。ただし本日は時間の関係で「増収策」に限って協議したいと思います」

　村山の指示に従い高見が一覧表に沿って提案ごとにその内容を読み上げ、それぞれについてA、B、Cのランク案を付していく。およそ3分の

2は事務局案で一致したが、残り3分の1の項目について議論が交わされた。たとえば、「診療科ごとに市内の開業医を訪問して連携を強化する」という提案について、高見は「B」という案を提示したが、田島は異議を唱えた。

「高見係長の説明では各診療科の合意が形成されていない状況では「A」にはできない、まずは各診療科への説明が必要であるから「B」にしたという説明がありました。入院患者、外来患者を増やすためには、私たちのような医療機関においては紹介患者の増加が一番のポイントになります。紹介患者はどこから来るのでしょうか。そのほとんどは市内あるいは近辺の民間病院です。私は先日ある開業医の先生からお小言をいただきました。というのも、その先生が患者さんに中央病院の某診療科に紹介状を書いて持って行ってもらったところ、あろうことか某診療科は多忙ということで断ったとのことです。患者も困ったが、その先生も困った。それで、私のところに何とかしてくださいという電話があり、私が某診療科と掛け合った結果やっと診療に至りました。もちろん、その診療科も言い分はあるのでしょうが、市内の開業医を大切にしないと患者は減る一方です。私も医療連携相談センターの看護師長と主要な開業医のところには菓子折りを下げて挨拶に行くようにはしていますが、限界があります。挨拶に行った感想としては、開業医の先生方は各診療科のドクターとのつながりを求めておられます。そこで、各診療科の科長が直接市内の開業医の先生のところを訪問するのが最も効果的だと思います。もちろん各診療科の合意は必要でしょうが、私たちワーキングチームの判断としては今すぐに取り組むべきこととして「A」にすべきであると考えますが、いかがでしょうか？」

田島が熱弁を奮い、「診療科ごとに市内の開業医を訪問して連携を強化する」という提案は「A」に落ち着いた。

「職員駐車場の有料化」については、高見案では「B」であったが、まず放射線技術部のリーダー田谷が持論を展開した。

「市役所の本庁の職員駐車場は有料で月1000円と聞いています。市職員の駐車場で有料化されていないのは病院くらいのものです。金額としては大きい額にはならないかも知れませんが、病院の経営が厳しいなか、少額

ではあっても経営改善に有効ではないでしょうか？　金額をいくらにするかなどの課題はありますが、チームの意見としては「A」にしたらどうでしょうか？」

　これに対し看護局長の木原が反論した。

　「職員駐車場の有料化については、病院の職場環境が本庁とは異なった環境にあることを忘れてはなりません。本庁は駅のすぐそばですから、バスや電車を利用すれば自家用車を利用する必要がありません。公共交通機関を利用する職員にとって駐車場の有料化などは関係ないことです。ところが、病院の職員は夜勤がありますね。準夜勤務であれば帰る時間は午前1時過ぎになりますからバスを利用したくてもできません。仕方なく自家用車を利用しているのです。したがって、職員駐車場の有料化については、時間をかけて議論すべき、すなわち「B」が適当であると思います」

　このような意見の一致をみない提案については、座長の村山が全体の雰囲気を見ながら、判定を下した。増収策に関する51件の仕分けを行うのに、約2時間を要してワーキングチームの第2回目の会議は午後6時前に終了した。3日後に開催する次回会議では、費用圧縮策およびその他について、議論することとなっている。

エピソード **4**

提案仕分け2

院内ラウンド

　ワーキングチームの第3回の会議の前日の午後、奥山は院内をラウンドした。「ラウンド」とは、もともとは「巡回する」という意味であるが、病院では、患者を診て回る、すなわち回診を意味する。奥山は、この業界用語を病院に勤務するようになって覚えたのである。もっともこの場合、患者を診て回るのではなく、病院内の様子をうかがうことでしかない。外来は午後も3時を回ると午前中の喧騒さとはうらはらに、患者も少なく数えるほどである。当日手術が入っている診療科は待合に誰もいない状態である。奥山は赴任して以降こうしたラウンドを数回行っているが、あることに初めて気がつき、すこしばかり愕然とした。待合に患者がいないのに外来のテレビの画面にはニュースを読むアナウンサーが映し出されているのである。もちろん、待合のテレビは診察を待っている患者のために設置されているが、患者がいなければテレビを点けておく必要はないはずである。このようなテレビは1台ばかりではなく、10台近くにおよぶ。恥ずかしいことであるが、費用を1円でも圧縮しなければいけないという問題意識がなければ気がつかなかったであろう。テレビを3時間程度つけ放しておいても、1台あたりの電気代はけっして大きい金額にはならないだろう。しかし、こうした些細な浪費に気がつかない、あるいは改善しようとしないこの病院の職員の意識こそが問題ではないだろうかと奥山は思った。そして、市役所の友人が、昼休みに奥山を訪ねて来た際に、「俺たちの課は、昼休みは消灯を徹底しているが、病院の事務局は蛍光灯がまぶしいね」と少々皮肉まじりに言ったことを思い出した。その時、そばにいた事務局の職員が「医療スタッフは昼休みにも各種の事務手続きや相談に来

るものですから消灯できないんですよ」といかにも当然のごとく答えた。こうした視点で外来を見渡すと外来の診察室には誰も使用していない電子カルテの端末が煌々と輝いていることに気がついた。やはり、それも1台ではない。各診療科1台程度はある。テレビや電子カルテの端末の件はすぐに各診療科の外来の受付の担当職員に注意を喚起したのはいうまでもない。この問題は事務局の職員ばかりではなく、外来の医師や看護師はじめ全職員が共有すべきことであり、すぐに周知しなければならないと奥山は思ったのである。

費用圧縮策

　ワーキングチームの第3回会議では、費用圧縮策とその他の事項について仕分け作業を行うこととなっている。会議の流れは前回と同様事務局の高見が仕分け案を説明し、その案についてメンバーの意見を問い、議論を行うというものである。前回の増収策を検討した時と同じく、高見が提案一覧表に従ってその内容を読み上げ、仕分けの事務局案を報告したが、およそ3分の2は事務局案で決定したものの、残り3分の1の項目についてはメンバーから異論が提出された。たとえば、「コピー機について、各部門にキーカードを配布して部門ごとの使用量を把握し、周知することにより、コピーの使用量を抑制する」という提案に対し、高見案は「A」であったが、看護局副局長の十川から矢継ぎ早の意見が出された。

　「コピーのキーカードは1枚いくらかご存知ですか」

　「申し訳ありません。まだ、確認ができていません」

　「それでは、コピーの使用料はどの程度圧縮されると予想されていますか」

　「具体的な数字は、まだ計算しておりません」

　「キーカードを病院のすべての部門に配布するとなると相当費用がかかりますね。それなりの費用をかけるからにはそれに見合うだけの圧縮額が見込まれないと出費が多くなって主客転倒するのではないですか？　私は「B」が適当だと思います。もう少し、詰める必要があります」

　十川の異論を受け、座長の村山がメンバーに問うた。

　「十川副局長のご意見について皆さんはどう思われますか」

「圧縮のために良かれと思って実行したところが、逆に費用が増えたら笑い者だぞ」

こう言ったのは、内科担当の副院長の浜田であった。

「それでは、この提案については「B」でよろしいですね」

次に、「食事に栄養補助食品を付加しない」という提案についても高見案に異論が出された。高見の説明はこうだ。

「栄養補助食品とは毎日の食事だけでは十分に取る事のできない栄養素を補うための食品のことです。これを付加する、しないは、医師の判断でありますので、病院としてそこまで厳格にするかどうか、悩ましいところです。従いまして、「C」という判断にさせていただきました」

高見の説明が終わるか、終わらないうちに副院長の地村の質問が飛んできた。

「栄養補助食品について診療報酬上はどうなっているのですか」

高見が回答に窮していると医事課長の岸田が助け船を出した。

「現行の制度では栄養補助食品について診療報酬を算定することは認められていないと思います」

すると、地村が二の矢を放つ。

「そうなると、栄養補助食品の代金は患者に請求できないのですか」

「市の条例に定めがない限りは患者に請求することはできないことになろうかと考えております」

「つまり、栄養補助食品の購入代金は全額病院の手出しになるということですか」

「患者に請求できませんので病院負担にならざるを得ません」

「病院負担はどのくらいの金額になるのでしょう？」

「詳しいデータを見てみないとわかりませんが、決算としては食材料費に含まれますが、100万円に満たない金額であろうかと思います」

「これは、金額は特別大きい額とはいえませんが、憂慮すべきことだと思います。患者の回復を早めるために栄養補助食品のオーダーを出すのは当然なのだけれど、これが収益には反映されていないという事実は、しっかりと認識しなければならないことですね。事務局には患者に負担しても

らえないか、検討してもらうことが必要ですね。それから、この提案は「C」にランクづけしてボツ扱いにするのは惜しいと思います。「必要以上に」という文言を入れて「必要以上に食事に栄養補助食品を付加しない」に改め、「A」にしたらどうでしょうか？」

「地村先生のご意見について、いかがでしょうか？」

メンバーは何人かうなずき、とくに異論をはさむ者はいなかった。

「それでは、「A」という整理にいたしましょう」

また、「時間外勤務を行う場合は事前に承認を得ることを徹底する」について、高見は「A」を案として示した。これには医療連携相談センター長の田島が噛みついた。

「残業は事前に承認を得なければならないというのは何かの規則に書いてあるのですか」

「市職員の時間外勤務に関する要綱にそのような規定があります」

「私たち、医療に従事する者は、たとえば夜10時に急患が来て呼び出されることがありますし、午後4時に終了予定の手術が思わぬことが発生し、7時までかかることがあります。私たちは手続きのことばかりを考えて目の前の患者を後回しするわけにはいかないのです。急患で呼び出しの電話を受けた時に、まず院長に残業してよろしいでしょうかとお伺いを立てろというのですか。手術が長引きそうであれば、院長に手術を続行してよろしいでしょうかと承認を求めろというのですか。まったく医療の現実を知らない者の考えですね。これは事務局の事務職員だけに通用する話ですよ」

この質問には奥山が答弁した。

「田島先生の言われるとおり病院では緊急な事態が数多く発生いたします。このような事態に際して時間外勤務の事前承認を求めることは事実上不可能であると思われます。このため、提案の文言を「事務局について、時間外勤務を行う場合は事前に承認を得ることを徹底する」と修正したらどうかと思います」

この提案が発議された背景には、時間外勤務手当の増加があった。上半期の時間外勤務手当の総額は2億円を超えていた。医業収益が約70億円であるから、実に3％に相当する。これを10％圧縮するだけでも決算の結

果は違ってくる。何よりも、時間外勤務の縮減は、健康管理やワークライフバランスの観点からも望ましいのである。しかし、病院における医療職の勤務の実態を踏まえれば、あえて触れないのも一つの方策であると思ったのである。奥山の発言に対し座長の村山が自らコメントした。

「時間外勤務についての書類を拝見する機会があり、私なりの感想を述べさせていただくと確かに田島先生の言われるとおり、急患対応や手術が長引くことにより超過勤務をお願いせざるを得ない場合が多いことは事実です。一方で、果たしてどうしても時間外に勤務しなければならない用務であったのか、時間内に済ませることができたのではないだろうかという、いわば不要不急の超過勤務に近いものもいくつか散見されます。もちろん、中央病院では皆さん方や各部門の責任者を信頼して個々人に対する強い指導はしておりません。そこで、「時間外勤務を行う場合は事前に承認を得ることを徹底する」については、医療職の場合田島先生言われるように事実上困難なケースもありますから、「C」で整理し、あらためて時間外勤務に関する考え方を病院長から各部門の責任者、各職員に通知したらどうでしょうか？　なお、時間外勤務に関する提案については、時間外勤務の実績に応じて健康管理の観点から個別の指導を実施するというものもあり、「A」で仕分けしてあります。まさに、このとおりであると思いますので、具体的な着手をお願いしたいと思います」

座長の村山の発言に異論をはさむ者はなく、この提案についての仕分けは終了した。

その他の改善策

費用圧縮策に関する提案について、百花繚乱とはいえないまでも活発な議論が展開され、続いてその他の事項について協議が移った。

その他の事項は、患者サービス、病院のPR、働きやすい職場づくり、職員の意識改革など多岐にわたっている。奥山は正直な話、これだけの多様な提案が集まるとは想定していなかったのである。なかには病院の収支改善に結びつくか首を傾げざるを得ないものもある。これまでと同様、高見が仕分け案を説明し、それに対する意見を各メンバーが提出するという

流れである。もちろん、高見案がそのままメンバーの意見と一致するわけではない。たとえば、「現在、病床利用率が低迷しており、職員は以前と比べて余裕があるのではないか。ほかの同規模の自治体病院は病床利用率が中央病院よりもはるかに高いところが少なくない。こうした病院があることを踏まえ、職員の意識改革を進めるべきである」という提案があった。これは、具体的な方策が示されておらず、提案というよりも意見に近いもので高見は「C」とした。これに対し、看護局長の木原が反論した。

「この提案は、大変重要な示唆を含んでいますね。残念ながら病院の職員の中には入院患者が少し増えると多忙になったと不満を漏らす者がいます。確かにそうした気持ちもわからないわけではありませんが、私たちの使命は患者に寄り添い、健康を回復する手助けを行うことです。患者がたくさん中央病院に来てくれることは、それだけ頼りにされていると思わなければなりません。こうした意識を醸成することが、病院の経営改善にも役立つのではないでしょうか。確かに、この提案は具体的な実施案は示されていませんが、今日のところは「B」に修正して引き続きこのメンバーで職員の意識改革について、議論すればよいのではないでしょうか。もちろん、職員の中には勤務環境の面で不平・不満をもっている者もいます。こうした声にも真摯に耳を傾けて必要な施策を病院として打っていくことも大事だと思います」

木原の話はやや説教じみたものであったが、メンバーを説得するには十分なものであった。

この日の会議は3時間近くを要し、終了したときには窓の外はすっかり暗くなっていた。会議室から戻り、座長の村山にお礼を言うとともに、高見の労をねぎらい、次のステップの確認を行った。提案数128件のうちAが32件、Bが75件、Cが21件という結果になった。これを院内のイントラネットに掲載し、職員に報告しなければならない。併せて、Aに仕分けされたものについては、担当の部門と具体的な実施方法を詰めていく必要がある。今年度は余すところ4か月を切っている。これらの方策が果たして実効性があるのか、奥山には自信がなかったが、船はすでに港を出帆したのである。

エピソード 5

病院経営勉強会

病院財務

　前回の収支改善ワーキングチームの会議で病院経営のイロハを教えて欲しいという要望があり、1週間後の会議は病院経営の勉強会ということになった。勉強会の講師役は総務企画課企画係長の高見と財務課会計係長の土田の2人である。高見が経営指標等病院経営全般、土田が財務関係を担当した。

　まず、財務関係について土田が資料に基づき説明する。

　「私たちのような自治体病院は地方公営企業法に基づき運営されていますが、この法律により決算資料として多くの書類を作らなければならないことになっています。具体的には、①決算報告書、②損益計算書、③貸借対照表、④その他の計算書です。今回は、この書類の中でも「損益計算書」と「貸借対照表」についてご説明します。「損益計算書」とは簡単にいえば病院の1年間、つまり4月1日から翌年の3月31日の間の収益と費用の状態を表したものです。一方、「貸借対照表」とは、毎年3月31日時点での資産、負債、純資産の状態を表したものです。「損益計算書」が1年間という「一定期間」をとらえるのに対し、「貸借対照表」は3月31日という「一定時点」の財政状態をとらえる点に大きな違いがあります。「損益計算書」と「貸借対照表」とは複式簿記により作成され、それぞれが連動しています。

　次に、「損益計算書」について具体的に説明します。「損益計算書」は「収益」と「費用」で構成されます。「収益」とは一般の会社でいう「売り上げ」と思っていただければよいと思います。病院事業での「収益」を「病院事業収益」と呼んでいますが、これは「医業収益」「医業外収益」「特別利益」

に区分されます。「医業収益」は入院収益、外来収益、その他医業収益、「医業外収益」は受取利息配当金、他会計補助金など、「特別利益」は、固定資産売却益などです。病院事業での「費用」は「病院事業費用」と呼ばれており、「医業費用」「医業外費用」「特別損失」で構成されています。「医業費用」は、給与費、材料費、経費、減価償却費、固定資産除却費、研究研修費、「医業外費用」は、利息および企業債取扱諸費、雑損失などがあげられます」

　土田の無味乾燥な説明に早くも欠伸をする者もあらわれた。そうではなくても、みんな退屈な表情である。奥山も会計は得意な方ではない。もっとも、市役所のみならず自治体の職員は「官庁会計」ならいざしらず、「企業会計」にはまったく疎い。単式簿記である「官庁会計」しか知らない奥山にとって複式簿記が基本となる「企業会計」は理解不能である。自治体病院の会計は地方公営企業会計のカテゴリーに入るが、基本は「企業会計」であり複式簿記により帳票は作成される。奥山も土田の説明を聞いていると眠気を催してきた。その時、静寂を破って質問する者があらわれた。看護局副局長の十川である。

　「まだ説明はありませんが、決算書を見ると費用のところに減価償却費って7億円も計上されていますが、一体これは誰に支払っているのですか」

　実に素朴な質問である。土田が少々怪訝そうな顔をして説明をはじめた。土田の説明はホワイトボードを使って板書し、素人にとって丁寧である。

　「減価償却費というのは、建物や医療機器等病院が長期間にわたって利用する資産を購入した場合、その購入価額をいったん資産として計上し、その後に当該金額を資産の耐用年数にわたって一定のルールに基づいて費用として計上される金額のことです。とはいっても、何のことか意味不明だと思いますので、例をあげて説明します。病院では、MRIを1億2000万円で購入しましたが、その時点で「資産」として1億2000万円を計上し、貸借対照表に反映されます。そして、損益計算書において減価償却費として1800万円を計上します。1800万円がどのような計算で算出されるかと

いいますと、まず、1億2000万円の10％、1200万円を差し引きます。この1200万円は残存価格といって機器が消滅するまで帳簿上残ります。残りの1億800万円がMRIの耐用年数である6年にわたって減価、すなわち価値が減少することなります。1億800万円を6年で割って1800万円が1年あたりの減価償却費ということになります」

　奥山がメンバーの顔を見るとうなずく者もいるが、ほとんどの者はキョトンとしている。要するによくはわかっていないのである。そんなことを考えていたら、十川が発言した。

　「何でそのような面倒なことをするのですか？　購入した年に費用に計上すればよいではないですか？　だって、医薬品や私たちの被服は買った年に費用であげるのでしょう。土田係長の話を聞いていたら頭が混乱してきました」

　土田が困った表情で答えた。

　「先ほどの説明と重複しますが、減価償却の対象となる建物や機器などは数年間にわたって使用できるものですので、その年の費用に計上するのは合理的ではなく、耐用年数の期間で分割して計上するのが適当であるという考えに基づくものです」

　土田の説明に十川はまだ納得いかないような顔をしていたが、あえてこれ以上は説明を求めないようである。すると放射線技術部リーダーの田谷が発言した。

　「さっきの説明では、MRIの耐用年数は6年という説明でしたが、6年経過したら使用に耐えないということでしょうか？　つまり、6年経ったら買い替えなければならないということでしょうか？　放射線科には購入して15年も経っている医療機器があるのですが、予算の申請をしたら買い換えてくれるのでしょうか」

　「耐用年数というのは、医療機器等の固定資産が使用できる期間として法的に定められた年数でありまして、先ほど申し上げました減価償却の計算期間の基礎となるものです。これと実際にその機器が使用に耐えうるかどうかは一概にいえませんので、この期間を過ぎたからといって故障するというものではありませんし、すぐに買い替えなければならないというも

のでもありません。あくまでも会計処理上の期間という風に考えていただくのがよろしいかと思います」

耐用年数と使用期間との関係はなかなか説明が難しく、一同狐につままれたような顔をしている。

「要するに壊れるまでは買ってくれないということですね」

「そういうわけではありませんが……」

土田は言葉に窮し、座長の村山が引き取る。

「時間もないようですし、財務関係の説明はこれくらいにして、経営指標を高見係長にお願いします」

経営指標

高見の説明用のテキストは各部門代表者会議で配布される「経営月報」である。各部門代表者会議は院長を議長として、副院長、各診療科の部長、看護局長、薬剤局長、医療技術部門のリーダー等総勢50名で構成されている。事務局からは事務局長の奥山と副事務局長の星山がメンバーとして出席する。この会議で経営会議での決定事項が周知されるとともに院内の各種委員会の活動状況や各部門からの連絡事項が報告される。もちろん、病院の経営状況も毎月の「経営月報」により報告され、ときには各部門からの要望が提起されることもある。いわば、病院全体の意思疎通を図る、潤滑油的な機関といえる。「経営月報」はA4で30頁近くになり、その内容は①診療科ごとの入院患者および外来患者の状況、②病棟ごとの病床利用率、③診療科ごとの概算収入、④費目ごとの概算支出等多岐にわたっている。

早速、高見は説明を始めた。

「皆さんご存じのように、経営月報の1ページ目に当月と累計の経営指標が列挙してあります。入院や外来患者の状況にはじまり、病床利用率まで全部で28の項目です。これらは病院経営にとって重要な指標であると考えています。まず、患者の状況についてですが……」と経営指標の各項目の説明を行った。

「最後に病床利用率です。この指標は、経営上最も重要なものの一つで

あると思っています。病床利用率とは、「病床数に対する在院患者の割合」のことですが、この数字が高ければ、病院のベッドが効率的に利用されているということになります。100％に近ければ近いほど空いているベッドが少ない状態で利用されていることになります。私たちの病院の場合、医業収益に対する入院収益の割合は70％と大変高いわけですから、医業収益を高めるためには、入院患者を増やし、病床利用率を伸ばすことが重要となります。病床利用率を100％に可能な限り近づけるように尽力することが収益改善のカギとなります。仮に、病床利用率70％で年間70億円の医業収益があれば、単純計算で100％になれば30億円の増収が期待できるわけです。今年度の上半期の場合、72％でしたから、年間の病床利用率の目標80％に対し8ポイント足りないことになります」

　ここまで説明すると浜田がおもむろに質問した。座長に発言を求めることもなく、勝手に発言するところが、病院の会議ならではと奥山は思った。
　「病床利用率が重要であるのは土田係長の説明でわかった。というか代表者会議で毎月、毎月病床利用率の話を聞かされると否が応でも頭にこびりつく。簡単にいえば1％で1億円ということだよな。これは大きいよ。問題は病床利用率をどう向上させるかだ」
　「浜田先生からは良いご指摘をいただきましたので事務局の説明はひとまず置いて、病床利用率を向上させる方策について皆さんからご意見を伺いたいと存じます」
　浜田の不規則発言をすかさず座長の村山が引き取った。
　浜田が高見に矢継ぎ早に質問を投げる。
　「病床利用率はどんな計算式で算出されるのかな？」
　「1年間の病床利用率は、（「年間延入院患者数」÷「年間延病床数」）×100　で計算されます」
　「それでは、延入院患者数を増やすことを考えることがポイントだ。それには二つの方法があるぞ。まず、一つは、新規入院患者は同じでも在院日数を増やせば「延入院患者数」は増加する。次は、新規入院患者を増やす。この二つの方法のうち、入院患者の在院日数を延ばすのが最も簡単だろう？　今は金曜日に退院する患者が多いだろう。これを月曜日に退院し

てもらったらどうだろう。そうすると確実に延入院患者は増える。金曜日と月曜日の退院患者の比率はどうだろう」

「大変申し訳ありませんが、そうしたデータは整理しておりません」

高見は少々辟易しながら答えた。

「今の浜田先生のご提案は非常に問題です。患者が退院するのは、入院する必要がない状態まで健康が回復したからであって、病床利用率のために患者は入院するわけではありません。医は仁術であって算術ではありません。先ほどの発言は撤回してください」

浜田の問題発言に看護局長の木原が釘を刺した。

「あくまでも仮定の話で言っただけだ。誤解を招くようであれば撤回する。しかし、客観的に平均在院日数が短くなると病床利用率が低くなるのは事実で、ウチの上半期はまさにそれが原因だろう」

浜田は頭をかきながら弁解したが、再び高見に質問した。

「はい、平均在院日数が1日短くなると病床利用率は6～10％低くなります。たとえば今年の9月は、新規入院患者は増えたのですが、平均在院日数が1.2日少なく、病床利用率は7％減じたのは事実です。一方、平均在院日数の短縮は医療政策上の課題でありますし、診療報酬上も平均在院日数が短い方が有利になっています」

高見の回答にはほかのメンバーも興味をもったようで薬剤局長の花山が尋ねた。

「具体的にはどうなっているのですか」

高見が、事前に準備した資料を見ながら具体的な数字をあげて答えた。

「私たちの病院は皆さんご承知のようにDPCを導入しています。DPCの場合、たとえば喘息の入院患者さんについて最初の3日間は2375点ですが、その後6日までは1754点、10日までは1491点と在院日数が長くなると診療報酬が低く抑えられる仕組みとなっています。それから、私たちの病院は急性期病院ですので患者がいち早く回復ができるよう全力を尽くす、そして急性期を脱したら市中の民間病院に転院してもらう。そうした地域と連携を図っていけば平均在院日数は短くなるということです」

それから、メンバーの多くが自分の意見を表明した。

「私たちの病院の役割から平均在院日数の短縮は避けられません。そうなると新規入院患者を増やすしかありません。入院患者はどこから、いつ来るのでしょうかね」

「もちろん、外来だろう。各診療科の外来で診察して入院が必要な患者が入院患者となる。当然のことだろう」

「患者が外来にくるのは、どういうきっかけで来院するのでしょうか？　先ほどの説明で紹介率がありましたが、大事なのは紹介数ではないかと思います。市中の病院、診療所からの紹介数を増やすことが重要ではないでしょうか」

こうした意見が次から、次に出て会議は大いに盛り上がったが、時間となったので、座長の村山がまとめを行い閉会となった。

「本日は、多くの意見をいただきましたが、重要なことは結果です。皆さん方は今日の議論を各部門に持ち帰って報告していただき、全職員が共通の認識をもつことが大事です。そして、病院が一丸となって病床利用率の向上を目指したいと思います」

今日のワーキングチームの会議は、財務と経営指標の勉強会にはじまって、最後は病床利用率を向上させるには、どうすればよいかという議論に移った。最終的には、結論は出なかったが、メンバーの認識が共有化され、いろいろなアイデアが提案されたのは事実である。奥山は、病院内の職員の経営に関する認識が高まり、議論が活性化するのをみて、中央病院にはまだまだ底力があるぞと感じた。

エピソード **6**

市議会決算特別委員会

自治体の決算審査

　森北市では、毎年10月に市議会で前年度分の決算の審査が行われる。地方自治体では決算書を知事や市町村長が作成し、これを議会で審査を行い、認定する。場合によっては、議会が決算を認定しないこともある。当然のことながら、森北市立中央病院の決算も、市議会での審査に付される。地方自治体の会計は一般会計と特別会計に分類されるが、病院会計は特別会計に属する。多くの市議会では決算審査を行うために、年間を通して設置される「常任委員会」とは別に「決算特別委員会」が設置される。自治体によっては、「決算審査特別委員会」と称するところもある。

　森北市議会では、森北市のすべての部局の決算を一括して審査することは効率的でないという判断で五つの分科会を設け、分割して審査を行っている。病院事業特別会計の決算は、健康福祉分科会に審査を付され、分科会は10月7日に開催されることとなった。分科会の審査手順は、まず執行部、すなわち各課長等幹部職員が、それぞれの所属の決算書について、概要を説明する。説明時間は、およそ10分から20分程度である。その説明に対して分科会メンバーである各議員が質問を行う。質問の中には、指摘、要望といったことも含まれる。質問に対して執行部が答弁することになるが、時折議員が執行部に対して納得しないこともある。この場合、執行部には丁寧に説明することが求められ、時間がかかることになる。それでも、議員が納得せず、認定できないという判断を下した場合、不認定という結果になる。

　健康福祉分科会には、院長の織田と事務局長の奥山が出席した。分科会の開会時間は午前10時、執行部はその10分前に勢ぞろいして、議員を

待つ。分科会の冒頭は、議員のみで簡単な議事の打ち合わせがあり、その後執行部が委員会室に入室する。健康福祉部内のほかの課は前日夕方までに審査を終了しており、この日の執行部の入室者は、健康福祉部長、副部長、健康福祉企画課長、病院管理室長、市立中央病院長、市立南部病院長、各病院の事務局長の合計8名である。

まず、健康福祉部長が総括的な説明を行い、次いで病院管理室長が「森北市病院事業特別会計」の当該年度決算の説明を行う。2人の説明は、合計約10分である。そして、市立中央病院事務局長奥山の出番である。本来であれば、病院の責任者である院長が説明するのが一般的であろうが、決算という事務的な内容が主たるものであるので、従来事務局長が説明することとしている。最初に、市立中央病院の当該年度決算について、収益と費用、損益を中心に説明する。とくに、前年度よりも大きく増加した項目や減少した項目については、その理由も併せて述べる。さらに、入院患者数および外来患者数の動向についても、診療科ごとの特徴を示して報告する。この間約12分。やや早口であったが、用意したメモを間違えることなく読み上げることができた。続いて、市立南部病院の事務局長が同様の説明を行い、執行部からの説明は終了した。

そして、議員からの質問である。まず、垣田議員が、両病院の病床利用率がともに低下していることや人件費比率についての質問を行い、病院管理室長が的確に答えた。

自治体病院の未収金

次に、梅木議員が、「両病院の事務局長にお聞きします」と切り出した。梅木議員は、市北部を地盤としており、議員になる前は地元銀行の行員であった。

「病院の患者の中にはいろいろな事情で診療費が支払えないため、診療費が納入にいたらず、未収金として残ってしまうことが病院経営上の課題であるとかねてより伺っております。そこで、市立中央病院および市立南部病院における個人未収金はどれぐらいの金額になっているのか、ここ数年の過年度未収金の状況をお尋ねいたします」

「はい。主査」

奥山は挙手をして主査に発言の許可を求めた。主査とは分科会の座長のことである。いわば議長役である。発言する際にはこの主査の許可を求めなければならないことになっている。

「奥山事務局長」

主査が奥山を指名した。

「中央病院の未収金につきましては、昨年度末で約5400万円、それ以前は少ない時で4200万円、多い年で5700万円といった状況で推移しております」

未収金については、市議会でも、時々取り上げられており、これについては、しっかりとデータを用意していた。

「中央病院の場合、おおむね5000万円前後ということですね。これは、重大な問題であるといわざるを得ません。こうした状況について、病院としてはどのように分析されていますか？」

「中央病院では、確かに昨年度末で5400万円という多額の未収金を計上しております。その要因としては、収入がなく支払が困難、当該住所地に不在、つまり行方不明ですね、それから本人が死亡等でございます。また、未収金の回収につきましては、私どもは大きな課題であると受け止め、徴収専門員を2名に増員するなどいろいろな手立てを使って努力しているところでございます」

奥山は我ながら迫力のない答弁だなと思った。

「病院としては、それなりの徴収努力をされておられるのでしょうが、それでも困難なケースについては、欠損処理することもあるのでしょう？ 欠損処理の額は毎年どれくらいになりますか？」

「地方自治法等では徴収の見込みがない債権について不納欠損処理することができることになっております。不納欠損につきましては、少ない年で約450万円、多い年で約650万円となっております。中央病院としては、引き続き未収金の回収に全力を傾注したいと考えておりますのでご理解賜りたいと存じます」

「未収金を回収し、回収困難なものは債権を放棄する、こうした取り組

みも重要ですが、未収金を発生させない、いわば予防措置も大事だと思いますが、この点について、お伺いします」

「私ども、議員のおっしゃるとおり、未収金をいかに発生させないかということも大変重要だと考えております。具体的には、患者さんに対して高額療養費の現物給付制度や出産育児一時金直接払い制度等公的支援制度につきまして、情報提供を行い、制度の活用を案内しております。こうした業務を中心的に担うのが、医療連携相談センターでございます。ここに医師、看護師、事務職、それから医療ソーシャルワーカーを配置いたしまして、診療科等と連携し、情報の共有をいたしまして、未収金の発生防止等に努めております」

未収金の発生防止対策について、奥山は、担当者から聞き取りを行い、前もって資料には目を通していたはずであったが、いざとなるとうまく答えることはできず、しどろもどろの答弁になってしまった。

「皆さんご承知のように、市の財政状況は大変厳しいものがあります。このなかで病院会計には、一般会計から多額の繰り出しがなされています。5年連続の黒字とはいえ、この繰り出しがなかったら、市立病院は赤字であるのは火を見るよりも明らかです。このように、厳しい経営状況にあるわけですから、未収金対策につきましては、先ほどご答弁のありました発生防止も含めて、引き続き、適切な対応をしっかりお願いしたいと思います。そして、このような未収金の回収対策につきましては、徴収専門員等病院現場の職員の皆さんが奮闘されているとのことです。とはいえ、未収金額も、5年前と比べると20％以上も増加し、不納欠損の額も40％以上増えていますので、これまで以上に難しい案件が蓄積されているのではないかと思っています。債権回収業務については、やはり病院現場では、限界があるのではないかと感じているところです。事務局長が自らやるわけにはいかないでしょうし、徴収専門員といってもその道のプロではないでしょう。私はこの辺りで抜本的な対策を講じる必要があると思っています。たとえば、具体的に申し上げれば、私は17年間銀行に勤務していましたが、普通の銀行でありますと回収が困難と思われる不良債権については、特別の部門を設けて専任職員を配置し、専門的な知識を駆使して

未収額を圧縮する努力をしています。今や、未収金も5000万円を超え、大変な金額になっています。このことは重大な問題であると私は認識していますが、抜本的な対策を検討されるおつもりはあるのか、健康福祉部長のお考えをお聞かせください」

　梅木議員の論点は、現場の実態から抜本的な解決策という基本的な方向性に変わり、議員が求める答弁者も、事務局長から健康福祉部長となった。

「私どもとしては病院経営にとって未収金を圧縮することは、重要な課題であると受け止めております。議員がご指摘の抜本的な方策につきましては市中の金融機関における債権回収の体制等も参考にしながら、どのような方法が効果的か、病院現場とも意見交換しながら検討してまいりたいと考えております」

「未収金対策はのんびりと構えてはおられない問題ですので、しっかりと検討していただき、いち早く実行していただくよう、よろしくお願いします」

　梅木議員は部長が前向きな内容で答弁したので、別の項目に切り替えた。奥山は部長の答弁について、議員が示した事例を自分の答えの中に盛り込むなどさすがと感じた。そして、未収金対策はこれまで以上に重点的に取り組まなければならないことであると認識を新たにした。

　病院事業特別会計に関する決算審査は正午ころ終了し、執行部の職員は、議会から退出し、自分たちの職場に戻った。彼らの後姿にはいくばくかの疲労感と少しばかりの安堵感が漂っていた。

未収金回収の課題

　病院に帰ると早速、奥山は事務局長室に副事務局長の星山、医事課長の岸田、医事調整係長の小沢、医事指導係長の芦田を呼び、午前中の決算特別委員会健康福祉分科会の概要について奥山がとりあえず作成したメモを提示しながら報告した。

「問題に、これからだよ。健康福祉部長が未収金対策の効果的な方法を検討すると答弁したからには今までの取り組みに加え、新しい方策を検討し、実施しなければならない、そして数字でその効果を表さなければなら

ないということだ。皆さん、何かお考えはありますか」

　まず、口火を切ったのは星山である。彼はこれまでの取り組みを踏まえた意見を述べた。

「未収金の問題はどこの病院でも共通の課題、これからも続く永遠の課題であると思います。ウルトラＣ的な妙案はなく、地道にやっていくしかないと考えられます。徴収専門員も増やしましたし、医療連携相談センターには医療ソーシャルワーカーも配置しています」

　次いで、岸田がこれまで病院内では議論したことないアイデアを提案した。

「アウトソーシングというのはどうですかね。たとえば、弁護士法人に委託するという方法はどうでしょうか？」

　この提案に対し星山が素朴な質問を発した。

「そもそも県内の弁護士法人でこの手の債権回収業務を行っているところはあるのだろうか？　それから、ほかの病院で弁護士法人に未収金の回収を委託しているところはあるのかな？」

「実をいうと今の私の話は、具体的な事例等を検討した提案ではありません。今後、皆さんのご意見をいただきながら、情報収集をやってみたいと思います。なお、県内の弁護士法人で債権回収業務を行っているところはあまり聞きませんが、県外の弁護士法人に委託することも可能だと思います」

　岸田の発言を受け、奥山が引き取った。

「それではほかの病院の事例を調査して課題や問題点も整理してください。小沢係長、何か言いたいような顔をしていますね」

「私は以前税務部の納税課にいたのですが、市税の場合自力執行権といって担当職員に差し押さえの権限が与えられています。ですから、預金や不動産を差し押さえて現金に換えることができる、いわば強制力をもっています。ところが、病院の診療費については私債権ということですから、強制的な処分ができません。したがって、徴収専門員が地道に滞納者宅を一軒、一軒回って納入をお願いする以外にありません。また、滞納者は現在約600人います。徴収専門員は2人ですから1人あたり300人とな

ります。1人が1日に臨宅できる件数は6～8件ですので、1月の臨宅件数は120～160件となります。つまり、2月に一度程度しか滞納者宅を訪問できていないのが実情です。おまけに、昼間、臨宅しても、本人が不在のケースが半分以上です。徴収専門員の増員も含め何かやり方を見直す必要がありますね」

「議員の意見は銀行のような体制を検討したらどうかということのようです。銀行の場合債務者は企業のケースがほとんどで資産を保有しているでしょうが、病院の場合未納者は病気を患っている個人ですよ。しかも、多くの場合財産をほとんど持っていない状況です。簡単に銀行との比較はできるのでしょうか？」

このような疑問を呈したのは芦田であった。

「いずれにせよ、あの手、この手を使って未収金を解消させなければならないことは事実だ。みんなで知恵を出し合おうじゃないか」

最後に奥山が締めてその日の会議は終了した。

決算特別委員会健康福祉分科会の2日後、森北市議会は全会一致で決算を認定することを議決した。併せて同分科会から病院事業特別会計について、「医業未収金の適切な回収対策および新たな未収金の発生防止に努めるとともに体制整備を含め効果的な対策について検討を行うこと」という意見が付された。この報告を聞いて、奥山はいよいよ具体的で有効な方策を打ち出さなければならないとあらためて思ったのである。

エピソード **7**

代表者会議

自治体病院の経営破綻

　今季最大の寒波が到来した日の夕刻、奥山の院内ピッチ（PHS）がコールした。ピッチを前任の吉田から引き継いだ際に医師は全員、ほかの職員も2人に1台程度割り当てられていると聞き、少々違和感を覚えた。導入台数は300台を超え、導入費用や維持費は多額にのぼるだろうと思われたからである。実際に病院で勤務をはじめるとピッチの有用性を身に染みて感じるようになった。よく知っている職員からのコールについては、その内容はある程度想像はつくが、これまで口を交わしたことのない職員からだと少し緊張する。ディスプレイに表示されたのは内科の三田正博であった。はじめてのコールであったし、名前に記憶がある程度である。確か40歳前後で大学の医局には属していない、いわばフリーランサーである。奥山は受信ボタンを押して自分の名前を告げた。
　「内科の三田です。事務局長にお話を少しばかり聞いてもらいたいと思うのですが、今からお時間はとれますか？」
　やや低い声でかつ丁寧に三田は言った。
　「今なら大丈夫ですが、どのような用件ですか？」
　奥山は今日の予定はすべて終了し、家路に着くところであった。
　「ウチの病院の経営が厳しい状況にあることを病院内のイントラネットで周知し、その対策を検討していると聞いています。対策を策定するうえでの参考になればと思い、事務局長にお話をしたいのですが」
　「はい、わかりました。私の部屋はご存じですか？　事務局の南隣、トイレの正面です」
　病院の職員で事務局の大部屋を知らない者はいないが、事務局長室を

知っている職員は限られている。ましてや奥山の顔を知っている者はほんの一握りにしか過ぎない。それほど事務局長の存在が小さいことを奥山自身は十分に認識していた。すぐに三田は現れた。奥山は椅子への着席を勧めると三田はやおら話を始めた。

「僕が中央病院に来る前に朝潮市民病院に勤務していたことはご存じですか？」

「えっ！　朝潮市民病院ですか？　それは知らなかった」

奥山は森北市立中央病院に赴任してまだ1年も経っておらず、100人以上もいる医師の履歴書にすべて目を通しているわけではない。当然、三田の以前の勤務先も頭に入っていない。それどころか、医師の名前と顔が一致するのは約半分というのが正直なところである。

「朝潮市民病院の名前は聞いたことはあるでしょう」

三田は少しだけ笑みを浮かべて言った。随分と緊張がほぐれたようである。

「財政破綻した朝潮市が経営していた市立病院ですよね。朝潮市民病院の経営状況について、つまびらかには知りませんが、病院関係者や自治体関係者で朝潮市の財政破綻を知らない者はいないでしょう。朝潮市民病院も悲惨な話になったと聞いていますが、まさか三田先生がそこに勤務されていたとは……」

「えー、朝潮市の財政破綻は全国的に有名ですが、市民病院の問題は病院そのものにも原因があるというのが、私の実感です。もちろん、朝潮市は政争が激しく、市長が一期ごとに交代し、おまけに市長が病院に理解がなかったというのも事実です。朝潮市というのは人口10万人に満たない地方都市ですが、それでも病床300以上の総合病院を設置していました。私が赴任したころは医師も結構いて診療科も20近くあり、それなりに活気がありました。ところが、市長選で現職が負けて新しい市長が就任して2か月後に市役所の人事異動がありました。この時の選挙は市役所を二分した血で血を洗うような戦いでしたから、人事異動もすごいものがありました。部長が支所長に更迭されたり、逆に新市長派の課長が部長に昇格したり、それは露骨なものでした」

「森北市でも 30 年以上前、市長対前助役という構図の選挙がありましたね。ちょうど私が市役所に入庁したころの話で当時の幹部は市長派、前助役派に分かれていました。私はまだ若かったので社会見学のような気持ちで両派の争いを眺めていました。確か私の上司は市長派で前助役が当選してひどくがっかりしていましたね。選挙から 1 か月後に人事異動が発令され、私の上司は転勤しました」
　奥山は当時の上司のことを思い出しつつ言った。
　「その時の朝潮市民病院の事務長は、対抗馬を応援していたために福祉市民部長に昇格しましたが、それまでの企画部長が新しい事務長に就任しました。事実上の更迭ですね。新事務長は病院勤務が初めてで医療や病院のことは何もわからないのに、企画部長を経験したものだからプライドだけは高い男でした」
　病院のことに無知な事務長がやり玉にあげられ、奥山はまるで自分のことのようで気恥ずかしいものを感じた。さらに、三田は続ける。
　「プライドが高いだけなら良いのですが、診療部門への介入が著しいものがありました。市の有力者からの依頼に応えるために外来や病棟の看護師に自分の判断だけで勝手な指示を出すことが頻繁でした。その一方で、医療現場からの医療スタッフの増員要望や医療機器の購入希望については、経営状況の悪化を理由に見送られました。逆に、必要のない造園工事などは患者さんのためと吹聴しながら積極的に進めました。事務部の職員については、おおむね 3 年ローテーションであることが普通ですが、朝潮市民病院は経営力の強化という目的でそれまで 4 年から 5 年でした。しかし、新事務長になってから事務部の職員は 1 年から 2 年で異動になりました。新事務長は公然と事務職は病院に長く勤務したくないのが本音なので人事ローテーションは短くてよいと言い放っていました。新事務長は 3 年勤務したのですが、やりたい放題、言いたい放題で病院職員のモチベーションは下がりました。
　先ほども言いましたが、新市長は財政状況の悪化を良いことに一般会計からの繰り出しを大幅にカットしました。これで一挙に赤字に転落です。それから 1 年ほど経って新市長や新事務長のやり口に腹にすえかねた数人

の医師が退職してしまいました。いずれもベテランの医師で腕の確かなドクターたちです。僕も誘われましたがこの時は残留しました。看護師も何人か辞めて市内の病院に転職しました。当時の院長は市長に意見を具申しましたが、聞く耳を持ちませんでした。また、院長は退職を表明した医師を翻意させようと一生懸命説得しましたが、無駄でした。こうなると坂を転げ落ちるように病院経営は悪化しますね。医師、看護師などのスタッフが減ると外来患者や急患を断るようになります。すると当然入院患者が減少します。おまけに医療事故でも起きると医療スタッフのモチベーションは急激に降下します。こうして負の連鎖が続いてダッチロール状態になります。これが朝潮市民病院の実態でした」

「三田先生のお話は市役所からアホな事務長がやってきて病院を滅茶苦茶にしたとしか聞こえませんね」

奥山は自分への当てつけとしか感じなかったため、幾分語気を強くした。

「いいえ、朝潮市民病院の事務長１人に責任があるわけではありません。僕が奥山事務局長にわかっていただきたいのは、病院経営にあたっては病院で働くスタッフの気持ちを十分に汲み取って進めてほしいということです。そうでないとたちまち第二の朝潮市民病院になってしまいますよ。朝潮市民病院の場合病院がピンチの時に職員の心を一つにする存在がいなかったということです。そのためには、院長や病院幹部と職員をつなぐコーディネーターが必要だと思います。僕としてはその役割を事務局長に期待したいですね」

ここまで三田からエールを送られると奥山も悪い気がしない。

「今のお言葉、ありがたく受け止め、しっかりとその役割を果たしたいと思います。せっかくのイイ話ですから私１人に留めておくのはもったいない。病院の幹部はもちろんのことですが、職員の多くにも聞いてほしい話です。来週、代表者会議がありますので是非講話をお願いできませんか」

代表者会議は病院の幹部に加え各診療科の科長、看護局長、薬剤局長、医療技術部門のリーダーなど総勢50名ほどの病院で最大の機関である。

「ええ、わかりました。僕のような一介のヒラ医者ごときが病院の代表者会議で話をするのもおこがましいのですが、朝潮市民病院で体験したこ

とを中央病院のみんなに伝える役割が僕にはあると思いますので、引き受けさせてもらいます。当日は事務局長にお話したことをもう少し整理して語るつもりです」

　こう言い切った三田の顔には闘志がみなぎっていた。

　「ただし、アホ事務長の話はお手柔らかにお願いしますね。聞いているみんなが、私のことだと誤解すると困りますから（笑）」

　話が終わるころには2人はすっかり打ち解け、窓の外を見遣ると夜の帳（とばり）が完全におりていた。

破綻病院の経営体質

　奥山は院長の織田に翌週の代表者会議で三田が朝潮市民病院の状況を報告する旨の根回しを行った。代表者会議は院長が議長役を務めるが、各部門からの報告事項について事前に了解を求めることはまれである。しかし、三田のケースは彼が代表者会議の正式メンバーでないこと、内容が重要であることから、前もって織田に報告したのである。織田は三田が朝潮市民病院の勤務の経験があることは知っていたが、病院経営に深い関心をもっていることまでは熟知していなかった。代表者会議は毎回30分程度で終了するので、三田には20分間の報告時間が与えられ、会議次第の最後尾の「その他」で議長役の織田が三田を紹介した。

　「予定していた協議事項は以上で終わりましたが、最後に、内科の三田医師から報告があります。先生は当院に来られる前は朝潮市民病院に勤務されておられましたが、朝潮市民病院は朝潮市の財政悪化にともない病院経営が破綻し、大きな話題になったことはご存じかもしれません。その際に、三田医師は現場で市民のために診療行為に傾注されておられたわけでございます。朝潮市民病院で何が起こったのか、何が問題だったのか、こうしたことについて、実際に現場で体験された三田先生から私たち中央病院のスタッフに伝えていただきます。私たちが病院を経営するうえで必ずや役に立つと思います」

　数分前に会議室に入室し、それまで片隅で立っていた三田が中央の織田の隣に移動し、報告を開始した。

「内科の三田です。この病院に来て5年目ですので、今さら自己紹介でもないですが、僕はさきほど織田院長から紹介がありましたように破綻病院として全国に名前を知らしめた朝潮市民病院に6年間勤務していました。この間、実際に私が見聞きし、感じたことを皆さんにお伝えし、病院のために少しでもお役に立つことを願っています。

　まず、朝潮市の概要です。僕が赴任した当時の人口は8万7000人、農林水産業が中心のどこにでもある地方都市です。昔から政争が激しく、市長選挙はいつも2派に分かれて争われることで知られており、市外の人からは「朝潮選挙」と揶揄されています。この政争が病院の運命を左右することになりました。朝潮市民病院は、病床数310床を擁し、診療科は17科を標榜していました。常勤医師50人、看護師230人、医療技術スタッフ40人の地域の中核となる総合病院でした。経営的には2年黒字が続いたかと思えば、2年連続赤字といったようにその時の「風」に影響されることが大きいようでした。大きな風が吹いたのは、僕が赴任した2年目でした。その年の7月に市長選挙があり、現職が敗れ、新しい市長が誕生しました。新市長は就任2か月後に大規模な人事異動を行い、それまでの旧市長派の幹部職員を更迭します。市民病院の事務長も新市長派から旧市長派に代わりました。これまでの事務長は福祉市民部長に栄転し、新しい事務長は企画部長からの左遷です。そして、新市長は次年度の予算で一般会計から病院会計への繰り出しを3億円削減しました。理由は前市長の放漫経営を改め、健全な財政運営に改革するというものです。前の年は5000万円のクロ、市長就任の年は3000万円のアカ、次の年は4億6000万のアカ、それからは5億円前後の赤字が連続し、累積損失は80億円を超えていました。累積赤字がこれだけ膨らんだ原因としては、いくつかあります。

　その一つとして、その10年ほど前の病院改修があげられます。病院改修といっても新しい病院を建設するのと同じことなのですが、1㎡あたりの工事費は45万円と聞きました。これは全国平均よりも10万円以上も高い金額とのことです。医療スタッフにとって必要のないと思われる豪華な内装が目立ちましたし、奇抜なデザインで余計なコストがかかったのでしょう。これは、ボディブローのように効きました。何しろ収益の多寡に

関係なく、減価償却や利払いが発生するわけですから大変でした。10年前のツケが破綻をもたらした一因です。

次に、一般会計からの繰り入れの激減があります。これは先ほども言いましたが、市長が交代して病院に対するスタンスが変わり、繰入金を大幅にカットしました。繰入金が多ければよいというものではありませんが、以前から緩い体質があって体質改善が必要であったにもかかわらず、手をつけないまま削減したものですから一挙に経営状況が悪化したのです。

それから、事務長の問題です。朝潮市民病院は市長が開設者ですから、事務長以下事務部のスタッフは市役所の人事で配置されます。このことはある程度仕方ないことだと医療スタッフは思っていたのですが、市長選挙後に着任した新事務長は病院経営に関する経験・知識はないのに、好き勝手な振る舞いが目立ちました。外国出張も含め1か月に数回の県外出張、自分のお気に入りのコンサルタントとの随意契約、診療部門や看護部門への介入などやりたい放題でした。また、女性の臨床検査技師が育休を取得して不在で代替職員が必要なことを臨床検査科のリーダーがいくら訴えても聞く耳を持たなかったという話を聞いたことがあります。こうなると病院職員のモチベーションは下がる一方です。他方、不必要な時間外勤務、不要な点灯、際限のない学会出張など緩い体質が生まれました。さらには、患者は少ない方が楽だという空気が蔓延するようになり、外来日を制限するとともに、クリニックからの紹介を断り、あるいは救急患者の搬送を拒否するなどの事案が発生しました。こうしたことの積み重ねで市民からの信頼を失い、患者数が激減していったのです。

そして、決定的な事態は、朝潮市民病院の状況に嫌気がさした医師が5人、一度に辞職したことです。この5人はいずれも50代のベテランのドクターで患者や市内の医師からの信頼の厚い方々です。もちろん大学の医局も補充はしなかったですから、欠員の状態はその後も続き、一気に奈落の底に落ちてしまったということです。

僕がこの場で皆さんにお伝えしたかったことは、病院が危機にあるときは病院のスタッフが心を一つにして立ち向かうことが重要であるということです。そして、病院幹部はスタッフ一人ひとりの気持ちを大事にしてほ

しいということです。僕の話が少しでも皆さんのお役に立てればという気持ちで本日はお時間をちょうだいしたところです。どうもご静聴ありがとうございました」

　三田の迫力ある話に誰もが吸い込まれるように聞き入り、少しばかり上気している者もいる。とりわけ奥山は自分のために熱弁を奮っているのだと思って熱心に傾聴した。

エピソード **8**

医局会

医師と人事評価

　奥山が森北市立中央病院に赴任して2年目の5月、奥山は院長の織田とともに医局会に出席した。病院の場合「医局」とは「医師の部屋」という意味であるが、診療科の垣根を取り除いた医師のみで構成される病院の準公式組織でもある。森北市立中央病院の医局では月に1回、医師が全員参加で医局会を開催し、病院の諸問題に関する情報の共有化を図ることとしている。通常はこの会議に奥山が出席することはないのだが、今回は特別の案件があり、陪席することとなった。特別の案件とは人事評価制度の導入である。人事評価制度は民間企業では多くの企業で導入されているが、公務員の世界ではこれまでなじみが薄かった。国家公務員についてはすでに導入されているが、地方公務員についても地方公務員法が改正され、制度化されたものである。この法律に基づき森北市でも市職員を対象に人事評価制度を導入することとなっているが、市立中央病院や市立南部病院の医療職、とくに医師について導入するか否か市役所内部で議論があった。というのも、これまで市役所の職員について勤務評定が実施されていたが、医師については対象外とされていたのである。市長を交えた市役所の幹部会議に院長の織田と奥山が呼ばれ、意見を聴取された際に織田は「人事評価制度が評価のための評価に終わるのではなく、病院職員のモチベーション向上や医師をはじめ医療スタッフの確保につながるよう制度設計をお願いする」という趣旨の陳述を行った。こうした経緯を踏まえ森北市では人事評価制度について医師を含めた全職員を対象とすることとなり、各所属で職員に説明することとなったのである。市立中央病院では職種ごとに事務局長の奥山が説明することとしたが、医師については院長の織田も

同席することとなった。医局会の会議がスタートした時点では常勤医師約100人のうち5割程度の50人が出席していた。開会してからも続々と入室者があり、人事評価制度の説明時には70人を超えていた。

まず、奥山がA4用紙1枚の資料で人事評価制度の概要を説明した。

「森北市では人事評価制度を来年4月から導入することが決定されましたので、今回ご報告させていただきます。この背景として、地方公務員法の改正により地方自治体に人事評価制度を導入することが義務づけられました。このねらいの第一は地方公務員について能力や実績による人事管理の徹底を図ることです。第二のねらいは市役所組織全体の士気の高揚や公務能率の向上を図ることです。森北市役所でもこの改正を受けて市役所内部で、評価の基準や評価方法、運用方法等制度設計について詳細な検討を行っているところです。

市ではこの制度の導入の目的を次のように考えています。一つは、職員一人ひとりの意欲向上と計画的な人材育成です。二つ目は円滑なコミュニケーションによる組織の活性化です。三つ目は、市民サービスの向上です。人事評価の対象者は原則として全職員です。ただし、国や県からの出向職員や臨時職員・非常勤職員は対象外となります。もちろん、皆さん方、病院の医師も対象となります。今後のスケジュールとしては実施要領が来月作成され、評価の基準や方法等が明らかになる予定です。その後、8月以降になると思いますが、人事評価に関しての研修会が開催されると聞いています。そして、来年4月には人事評価制度がスタートします。甚だ簡単ではありますが、説明は以上です」

「奥山事務局長の説明に質問はありませんか？」

医局長の中川が出席者に質問を促す。医局長は医局のとりまとめ役であり、医局に属する医師全員による選挙で選出される。任期は2年となっている。まず、整形外科の池本が基本的な質問を行った。

「人事評価制度は今回はじめての導入ということですが、今までどうしていたのですか？」

「現在、森北市では地方公務員法に基づき職員の勤務成績を評定しております。これが「勤務評定制度」といわれるものです。この制度は、本市

では昭和40年代から導入していますが、市立病院の医師については対象から除外されています」

　森北市では勤務評定が導入されて40年以上が経過しているが、全国の地方自治体では平成になって実施を開始したところも少なくない。

　続けて産婦人科の中島がやや憮然とした表情で発言した。

　「人事評価制度を導入した場合、事務局長の説明では私たち、市立病院の医師もその対象になるとのことでしたが、誰が私たちを評価するのでしょうか？」

　「人事評価制度の詳細については森北市役所の総務部が具体的な検討を進めていますが、先発自治体の状況を見てみますと評価者は第一次評価者、第二次評価者、総括評価者の3段階となるようです。これを私たちの病院にあてはめますと診療科の医師の場合、科長が一次評価者、副院長が二次評価者、院長が総括評価者となります」

　奥山の、かなり事務的な回答に再び中島が発言した。

　「つまり、上司である科長や診療部長が、私たちを評価することになるのですね。私たちの仕事は患者を診察して治療することです。このことは、誰もがわかりきったことで誰も反論できないことだと思います。一方、私たちは上司の力を借りることなく患者を診察しています。つまり、私たちの仕事ぶりをよく知っているのは、科長や副院長ではなく患者です。事務局の職員であれば、四六時中事務室にいますから、事務局長や副局長が職員の勤務状況をよく把握されて、公平で公正な評価を行うことができますが、私たち医師についてしっかりとした評価を行うことはできるのですか？」

　「現在の案では、本市の人事評価制度は能力・行動評価と実績評価の二つで構成されており、年度はじめに職員の皆さんに業務に関して各人の目標を設定していただきます。この目標に対して実績がどうだったかということが評価の目安の一つになります。もちろん、評価基準を明文化して公表し、この基準に基づいて公平・公正な評価を行うことは当然なことです」

　奥山の説明はあまり説得力のあるものではなかったが、中島はこれ以上の発言はしなかったものの、納得していないことがその表情から見てとれ

た。そして、この種の会議には珍しく軽く挙手をして皮膚科の森中が発言した。

「先ほどの事務局長のお話では勤務評定は市役所職員全般については行われているが、医師については対象外とのことでした。これは何故なのでしょうか？ また、人事評価制度を導入してどのような効果があるのでしょうか？」

「森中先生のお話はなかなか答えづらい質問です。これから先は推測も交えての回答になりますのでご容赦ください。現行の勤務評定の場合人事管理の基礎資料という意味合いが強く、つまり人事異動に際しての参考資料とする目的があります。したがいまして、事務職や看護師、薬剤師等の職員については、中央病院から南部病院やほかの部局への異動がありますので勤務評定を実施することとなっていると考えられます。一方、医師の人事異動については、基本的に大学の医局の意向が大きく左右されますし、そうでない場合も中央病院に就職したという意識が強い方が多数でございます。このような実態を踏まえて医師については勤務評定を行っていないのではないかと思われます。人事評価制度については、先ほどその目的をお話しましたが、本市では人材育成と組織のパフォーマンスの向上を大きなねらいとしております。つまり、人材育成という観点からは当然のことながら医師も対象になります。組織のパフォーマンスの向上ということからは病院組織にとって医師はなくてはならない存在です。医師なくして病院は存立できませんので人事評価の対象から外すことはできないのです。また、人事評価の効果ということにつきましては、今申し上げたことの裏返しですが、上司がその職員にとってどのような能力が不足しているかを明らかにすることによって今後その職員が習得すべき能力について自覚がでてきます。そのことにより能力開発が促されるという効果が期待できます。また、個々人が目標を設定し、その目標に向けて努力することにより病院全体の業績が向上することが考えられます」

奥山の説明は文字に起こすと意味が通らないところがあったが、語尾がはっきりしているためうなずく者もいる。言語明瞭、意味不明である。

医師の確保

次に発言したのは外科の宮原であった。

「職員がその年の目標を設定すると事務局長は説明されましたが、それはわれわれ外科であれば、たとえば今年の1年間の手術件数の目標を100件とするということですね。で、この目標を達成した場合、インセンティブというか褒賞は何か考えているのですか？」

奥山と織田は互いに顔を見合わせた。今、ここではっきりと言える話ではないのである。すると、今度は小児科の原山が意見を表明した。

「冒頭、中島先生が言われましたが、医師というのは医師法で診療についての権限が定められており、逆に責任も大きいのは皆さんご承知のことです。一旦事故があれば、最悪の場合、業務上過失致死罪でお縄になることもあります。市役所から給料をもらっているとはいえ、自由業的な意識があるのも事実です。一方、自治体病院であろうが、民間病院であろうがどの病院にとっても医師の確保は「1丁目1番地」です。医師の多い、少ないはまさに病院の死活問題、生命線です。今回の人事評価制度は、運用次第では病院にとってプラスになることもあればマイナスになることも予想されます。つまり、言いたいのは人事評価を医師確保につなげることが大事だということです。中央病院の場合、半分以上が大学の医局人事とはいっても、変な制度を入れて大学の医局の医師が中央病院には行きたくないと言い出したら大学も派遣しなくなるでしょうからね。人事評価制度を導入した途端に医師のモチベーションが下がって他県やほかの地域の病院に流失してしまうと中央病院の業績はあっという間に転落すると思いますよ」

原山の発言中であったが、呼吸器内科の玉井が突っ込みを入れた。

「要するに、インセンティブが大事ということでしょう、原山先生。手術手当、分娩手当、麻酔手当、臨床医指導手当等考えればいくらでもありますよ」

玉井の不規則発言に原山が少しばかり語気を強くして言った。

「インセンティブも重要であると思っていますが、私はこれだけを言っているのではありません。人事評価制度の導入を契機として医師確保につながるよう、モチベーションが向上し、魅力的な病院をつくっていきま

しょうという趣旨です」

「これまでのご意見をお聞きして、九州のA病院の事例を思い出しました。私が昨年参加した県外の会議でA病院から事例発表がありました。A病院では人事評価制度を5年前から導入しているとのことです。まず医師、次に看護師、そして医療技術者という順番で運用を開始しました。A病院の人事評価制度の特徴は、3点あります。まず、人事評価を勤勉手当に反映したことです。次に、原則として加点主義の評価ということです。つまりプラス評価になるわけですから人事評価により勤勉手当が減額されることはないわけです。最後は、勤勉手当の支給方法です。通常の給与支給は銀行口座への振り込みですが、勤勉手当に限ってはボーナス支給日に院長から医師への直接手渡しです。これは医師と院長とのコミュニケーションを円滑化し、モチベーションの向上に役立っているとのことです。つまり、原山先生がいわれるように人事評価制度を医師確保につなげている例だと思います。以上、ご参考までに報告させていただきました」

原山の発言を受けて血液内科の近藤がわかりやすく、前向きな説明を行った。

「近藤先生、ありがとうございます。各先生からお話のあったように、この人事評価制度は私どもの病院におきましては、医師確保に寄与するような形での制度設計、運用が重要であると考えております。実を申し上げますと先日、院長と私は市長に呼ばれまして人事評価制度について意見を求められました。その際に院長から人事評価制度は病院の医師確保に資するものでなければならない旨しっかりと要望していただきました。本日の医局会のご意見は再度市長のもとに届けたいと思います」

このように答弁した奥山は早く医局会が終了しないかとの願いを込めて会議室の時計を見遣ったが、まだ20分程度しか経っていない。

「人事評価制度については意見や質問が出尽くしたようですから、このあたりで切り上げたいと思います。せっかく織田院長もお見えですのでコメントをいただきたいと思いますが、いかがでしょうか？」

医局長の中川が院長の織田に発言を求めた。奥山は心の中で安堵した。

「先ほど奥山事務局長からお話がございましたように、市長から人事評

価制度の導入について意見を求められた際に、私が申し上げましたことは2点ございました。一つは病院職員のモチベーションの向上につながること、二つは医師をはじめとした医療スタッフの確保にプラスとなることをお願いしました。今日はとくに後者を中心に医局の皆さんにお話を申し上げ、ご理解をいただきたいと思います。病院の経営にとって最も重要なことはマンパワーの確保です。とりわけ医師をいかに確保するかが病院の浮沈にかかっていることは十分に認識しているところです。このため、私は大学の医局と太いパイプを築くことに腐心いたしました。民間病院であれば多額の寄付金を大学に提供することもあろうかと思いますが、自治体病院では簡単にはできません。そこで、私は教授たちと個人的な人間関係を構築してまいりました。お蔭で私が院長に就任したときは常勤医師は80数人でしたが、今や100人を超えています。大学の医局に属していないドクターも以前と比べて随分増えました。医局から派遣される医師と医局外のドクターが互いに切磋琢磨して地域医療に貢献することが大事です。

　私は医師の確保は大学への直接的な働きかけばかりではないと思っております。何よりも魅力的な病院づくりが肝であると確信しております。魅力とは患者さんにとっても、働く人にとってもということです。病院に魅力がないと人は集まりません。いくら大学の人事で配置されるからといって働きがいのある職場、風通しのよい職場でないと赴任したくないものです。こうした観点から各種手当や学会への旅費、学会の年会費補助、福利厚生の充実等最大限の取り組みを行ってきたところです。私自身も開かれた院長室を目指して多くのドクターとの対話を心掛けてきました。一方、病院が講じているさまざまな取り組みに対して私たちがどれだけ報いているか、責任を果たしているかということも重要なポイントだと思います。今回、市が導入しようとしている人事評価制度は私たちの仕事の目標を設定し、1年あるいは半年というスパンでどれだけ達成できたのかを確認するものであると理解しています。ゴールを設けて業務を遂行することは、とくに私たち医療に従事する者にとっては常に行っていることです。いつも私たちは患者さんが治癒するというゴールを設定して診療行為にあたっています。人事評価制度においては病院という組織における自分を意識し

て1年間の目標を設定すればよいのです。それから、人事評価制度は達成の確認だけでは終わらないと思います。これは市長にも申し上げたのですが、魅力ある病院づくりや医師等医療スタッフの充実に活用することが大事です。具体的には、たとえば頑張っている職員を誉める場合に人事評価をネタにするということも十分に考えられるところです。近藤先生も紹介されましたA病院の事例も参考になると思います。市長に対してしっかりと問題提起しつつ、私たちも研究を重ねて魅力ある病院づくり、そして医師確保につなげていかなければならないというのが私の考えです」

　織田の、少々長いコメントに誰も発言する者はいなかった。医局長の中川が閉会を宣言してこの日の医局会は終了した。

エピソード 9

魅力ある病院づくり懇談会

勤務環境の改善

　森北市立中央病院には「魅力ある病院づくり懇談会」が設置されている。この懇談会は働きやすい職場づくりを目的として環境改善に関して病院幹部と職員との話し合いの場である。出席者は病院からは事務局長の奥山、副事務局長の星山、看護局長の木原の3人、職場からは職員組合中央病院分会の役員、病棟や外来の看護師、医療技術部門の薬剤師、診療放射線技師等であり、とくに参加者を限定しないオープンな会議である。1年に2回、夏と冬おおむね1月と7月を目途として開催されている。もともとは、組合との交渉が本庁では健康福祉部と組合本部、病院では各病院幹部と組合の病院分会とでそれぞれで行われていたのであるが、数年前から本庁に一元化され、現在では病院現場では「魅力ある病院づくり懇談会」という形で職員の声を聞くようになっている。この懇談会での要望事項は、職員の増員、職員の配置、施設改善、用品調達等幅広い内容となっている。こうした懇談会があることを聞いて奥山は少し当惑した。森北市立中央病院は職員600人を擁しており、どのような要望が飛び出すか想像がつかなかったからである。しかし、副事務局長の星山から事前に要望リストが提出されることを聞いて安心した。あらかじめ要望を聞いておけば、どのような回答をすればよいか、前もって準備しておくことができるからである。各職場からの要望は職員組合の分会書記長の大藤がとりまとめ、星山に懇談会の前日までに提出することになっている。懇談会開催日の3日前に星山が要望の一覧表をもって事務局長室を訪れた。

　「今回は、前回と比べて要望数は18項目と若干多いです。内容的には、病棟の看護師を増やしてほしい、休憩室に簡易ベッドを整備してくださ

い、ロッカーが足りないといったものでこれまでと大きくは変わっていないですね」

「本当に身近な話題が多いですね。ところで、誰が回答するのですか？」

「看護師の配置関係等については看護局長、施設整備等それ以外の項目は事務局長に回答してもらっています。半分以上は看護師関係ですのでもっぱら看護局長が答えることになると思いますが、事務局長には総括的なお話をしてもらえばよいと思います」

一覧表の余白には奥山関係が「J」、看護局関係が「K」と記されてあり、数えると「J」が7項目、「K」が11項目であった。

7項目の「J」、すなわち奥山の担当分は次のようなものである。
・更衣室のカーテンが破損しており、取り替えてほしい。
・空調がききにくく、何とかならないか？
・仮眠室が狭く、仮眠が十分にとれない。
・職員駐車場が遠く、夜勤のときは、心もとない。もう少し、近くに確保できないか？
・診療放射線技師が患者数に比べて少なく、増員してほしい。
・ロッカーが足りず、一つのロッカーを2人で使っているので、増やしてほしい。
・東口の玄関がすべりやすく、安全上問題であるので、何らかの対策が必要である。

「7項目のなかには簡単に解決できるものもあれば、職員の増員の問題等総務部に相談しなければならないものもあるよね。「カーテン」「空調」「東口玄関」については、営繕係の河原係長に状況を確認する必要がある。職員駐車場は、時間がかかるし、病院の近くに確保できないから、現在の場所に落ち着いたはずだ。「ロッカー」については、現状を確認して、必要があれば会計係に予算をお願いしよう」

このように一応対応方針が決まったが、今までの例ではあらかじめ提出されていない案件についても、その場で数項目要望されるとのことである。

職員の声

　当日、定刻の午後5時30分前に病院の大会議室に赴くとすでに60人ほどの職員が集まっていた。看護師、薬剤師、診療放射線技師、臨床検査技師等病院内のほとんどの職種を見ることができた。正面テーブルには奥山、星山、木原が座り、相対するテーブルには職員組合中央病院分会の分会長はじめ役員の席が設けてある。その後ろに一般職員が集まっていた。その数は段々と増えてくるようであった。まず、分会長の月井が挨拶した。

　「しっかりとした医療を行うには、明るい職場づくりが一番で、職員が暗い顔をしていると、患者が不幸になるばかりである。職員と病院幹部が一堂に会し、意見交換をするのは意義深いことである。職員の皆さんが常日頃実際に感じていること、困っていることを率直にぶつけて欲しい」といった趣旨である。続いて奥山の出番である。

　「職員の皆さんから、直接要望を聞くことは、風通しのよい職場を築くうえで、大変重要なことである。すぐに改善できることもあれば本庁健康福祉部において判断する必要のあるものも出てくるかもしれないが、皆さんのご意見はしっかりと受け止めたい」

　次に、分会書記長の大藤が事前に提出のあった要望項目を一つ一つ説明し、補足があれば要望者から説明をもらう。そして、奥山あるいは木原が病院としての見解を述べ、場合によっては奥山や木原の発言に対し質問や反論が出された。これに対しても丁寧に答えなければならないが、さすが中央病院に30数年在籍している木原は、看護師の人柄や性格、要望に至った背景等をしっかりと把握しており、落ち着いて的確に対応する。ときには発言者である看護師を「誉める」こともあれば、内容によっては叱責に近い答弁もある。なかには励まし、発奮させることもあり、奥山は感心して聞いていた。分会書記長大藤からの要望書説明と職員からの補足、これに対する奥山や木原からの回答が終わると分会長月井がこの会議室に参集した職員に対し発言を促した。

　「せっかく、職員の皆さんが多数お集まりですから、事務局長や看護局長に言いたいことがあれば、遠慮なく発言をお願いします。先ほど事務局長が申し上げましたが、少々のことを申し上げても異動や昇給等で不利益

を被ることのないことは事務局長がお約束されます。そうですよね、事務局長」

会場からどっと笑い声が起こった。

「ええ、お話はしっかりとうけたまわりますよ」

遠慮会釈なしに突然話を振られて奥山は面白くなかったが、ここは顔色ひとつ変えず大人の対応をした。この場合「うけたまわる」とは、「聞く」あるいは「謹んで聞く」の意味である。

「それでは、会場の皆さんどうぞ発言をお願いします。なお、発言される方は挙手をしていただき、ご自分の所属とお名前をお願いします」

会場の右後ろからすぐに手があがった。彼女の制服から所属が５階西病棟とわかった。看護師の制服は病棟ごとに違っており、薄いブルーは５階西病棟である。

「はい、どうぞ。発言される際は、職場と名前を言ってください」

「５階西病棟の西川です。これは、私が直接見たわけではないのですが、今年、入った新人の看護師に対する、ある病棟の看護師長の指導が厳しくて辞めたいと漏らしているらしいのです。それも１人だけでなく、複数の新人ナースが訴えているということです。どうかこういう事実があるかどうか調べてください。これって、パワハラではないかと思います。せっかく中央病院に入った新人看護師が１年もたたずに、やめていくなんて可哀そうですし、くやしいです。断っておきますが、この話は５階西病棟のことではありませんので」

西川は目をウルウルして今にも泣きそうな顔をして訴えた。

「今、お話のあった事案はまずは事実を正確に把握することが重要ですよね。噂だけで判断するのは危険です。もし、そうした事実がなかったとか、あなたが聞いたことが誤解によるものだということが判明したら、その師長が被害者になってしまいます。その場合、あなたが加害者になるのですよ」

看護局長の木原は冷静に回答した。

「では、看護局長は何をしてくれるのですか？　今の話ですと看護師長をかばっているとしか思えません」

西川は挙手をすることもなくいきなり立ち上がり、語気を強めて言った。
「ですから、まずはそういう事実があるかどうかの把握、つまり調査をしましょうと看護局長は言ったのです。そうですよね」
隣に座っている看護局長の顔色が変わったのを見て奥山はフォローした。西川からはとくに発言はなかった。

院内保育所
会場に目を遣ると会場中ほどから発言を求めて手があがった。
「はい、どうぞ。職場と名前を言ってくださいね」
司会役の月井分会長が指名した。
「6階東病棟の看護師宮内正美です。私の要望は、病院の中に保育所を作ってほしいということです。私の家庭は、夫、5歳の男の子と小学2年生の女の子の4人です。私は病棟勤務ですから、月に6回宿直、それから土曜日、日曜日の出勤があります。小学生の娘は病気がちなので、病棟の看護師長さんや副師長さんが気遣っていただき、大変ありがたく思っています。昼間はよいのですが、やはり、宿直の時とか、子供が病気の時は心配で、患者さんと話をしていても子供がどうしているか不安が、頭をよぎります。子供が小学校を卒業するまで、このような不安が続くのであれば、中央病院を辞めて市内の宿直のない病院に就職したいと思うときがあります。それで、病院の中に保育所を作ってもらえば、安心して病院に勤め続けることができます。このような思いは、私だけでなく、ドクターも、薬剤師も、臨床検査技師も、管理栄養士も、子供がいるすべての職員がもっているはずです。あらかじめ要望書を提出しておらず、この場で発言するのも気が引けたのですが、昨日の看護局の研修会の意見交換会で多くの職員が同じような悩みを抱えていることがわかり、本日要望するに至ったものです。どうか、この話を院長までお伝えいただいて、是非とも実現していただくようお願いします」
宮内は、深々と頭を下げて発言を終えた。するとどこからともなく、拍手がおこり、会場全体に広がった。
「ほかの病院で院内に保育所を整備しているところは、あるのでしょう

か?」

　奥山は素朴な疑問を発した。市役所生活の長い奥山ではあったが、職場の中に保育所など聞いたこともなかったからである。

「臨床検査部の金沢です。先日、臨床検査関係の学会があった際に話題になったのですが、院内保育所については、県内では大学病院、全国的に見れば100近い病院が設置しているとのことです。私も小学校3年生と1年生の2人の子供を育てています。私たち、臨床検査技師も月2回くらい当直があります。私の夫は、県外出張が多く、時々私の当直と夫の宿直が重なることがあります。そのような時は、子供だけで一晩過ごすことになり、不安でたまりません。県外の病院の院内保育所は、職員の勤務に併せて24時間365日体制で運営しているところもあるようです。事務局長が全国の状況をあまり把握していないというのは、子育てについての理解が乏しいのではないかと感じざるを得ません。早急に調査していただいて院内保育所を作ってください」

「8階西病棟の看護師の青井です。私の場合、子供は5歳の男の子が1人です。宮原さんが先ほど発言されたように、宿直はもちろん大変心配ですが、息子は病弱で病気がちです。風邪など病気になると保育所では預かってもらえないのです。県外の病院には病児を預かってくれる保育所を病院内に設けていると聞きました。こうした施設は、私たちの病院にも必要です。是非とも事務局長さんの力で実現させてください。ここが事務局長の腕の見せどころです。期待していますよ」

　青井の軽妙な話し口に会場から爆笑がおこった。

「皆さん方のお話をうけたまわり、お気持ちは十分に理解できましたので、院長に皆さんの要望をお伝えしたいと思います。具体的に院内保育所に取り組むとなると、予算、整備場所、運営体制など詰めるべきところがたくさんあります。とくに、予算になると市議会の議決が必要ですから、時間を要することにご理解ください。繰り返しになりますが、皆さん方のご要望につきましては、しっかりと受け止めて前向きに検討できるよう力を尽くしたいと考えます」

　奥山は、宮原はじめ発言者の迫力に気圧されて趣旨が不明のことを回答

したが、それ以上の要望はなかった。

「予定していた時間をオーバーしてしまいましたが、とくに要望、発言もないようですので、ここでこの会を閉じたいと思います。事務局長、看護局長におかれましては、本日要望や意見のあった件につきましては、前向きに対応していただき、職員の働きやすい環境づくりに取り組んでいただきたいと思います。なお、要望の対応状況につきまして、随時職員にお知らせいただくことをお約束いただきたいと思います」

最後に分会長の月井がまとめを言って懇談会はお開きとなった。

懇談会の次の日、奥山は木原と星山を事務局長室に招いた。

「昨日の懇談会で要望のあった院内保育所の件ですが、看護局長、どう思いますか？」

「私、個人としては、職員から意見があったように、院内保育所を是非整備してほしいと思います。多くの看護師は、3交代制で昼夜を問わず、子育てしながら勤務しています。子供が病気に罹ったりしていると心配でその表情が顔に出ることがあります。そのようななかで患者さんと接していると患者さんによい影響をあたえませんし、医療ミスにも繋がるかもしれません。また、一番大きいのは、看護師確保につながることです。看護師が出産を機に離職するケースが後を絶たないのですが、院内保育所を整備しておけばその歯止めになると思います。また、出産しても安心して勤め続けることのできる病院ということで、本院に就職したいという学生が増えることが予想されます。約10年前に、7対1の看護体制が導入されて、若い看護師が都会の病院に就職するようになり、中央病院の場合、定員割れにはなりませんが、応募者が激減しています。以前は、競争率が5倍前後だったものが、今は2倍を割るくらいです。医療が高度化・専門化するなかでは、看護師の質の確保が必要です。そうしたことからも、職員が希望するように院内保育所を整備してほしいですね。もし、院長が消極的であれば院長の説得には私も行きますよ」

木原は現場の看護師400人以上を統率しているだけあって、看護師の気持ちを代弁して冷静な中にも気持ちのこもった意見を述べた。

「わかりました。この案件は、看護師ばかりではなく、昨日の発言にも

あったように病院の全職員の問題として受け止めるべきでしょうね。これから、院長に昨日の結果を報告しますが、院内保育所設置に向けて、まずは調査チームを立ち上げることを提案したいと思います。何しろ、一体いくら費用が必要か、どこに整備するのか、どのような運営形態にするのか、そのあたりが皆目わかりません。そして、一番肝心なのは、どのくらいニーズがあるかということです。職員の皆さんが必要だといって整備したまでは良いけれど、利用者が少なかったりすると困ります。逆に、定員以上に希望者が殺到すると、職員に迷惑をかけることになります。ニーズがあっても、莫大な費用を要するようであれば、整備には至りませんし、逆に費用があまりかからなくても、利用者が少なければ、やはり整備する必要はないと思います。この見極めが重要だと思います」

　奥山は少々慎重な言い回しではあったが、必ずや院内保育所を整備したいと心のなかで決めていた。

　その日の午後、院長に懇談会の報告を行うと同時に院内保育所に関して調査チームを設置して検討することについて了解を得た。そして、翌週には、調査チームが設置された。調査チームは、薬剤局、看護局、臨床検査部、栄養管理部等の職員に加え、女性医師、事務局職員もメンバーとなり、院内保育所設置へ向けて調査が開始されることとなった。

エピソード **10**

人事異動

異動内示

　今日は森北市役所職員の人事異動の内示の日である。市の職員のみならず、宮仕えの人間は官民を問わず人事異動には心躍らすものである。たとえ自分が該当者でなくても上司や同僚が変わるとその後の1年間が左右されるのである。良い上司が来れば気持ちよく仕事を遂行できるし、逆であれば暗い1年が待っていることになる。もちろん自分が異動対象者であれば、希望のところに配属されるのか、はたまた思ってもいないところに転勤になるのか、数か月前から気を揉む者も少なくない。森北市役所の職員の場合、一部の例外を除いてどう転んでも勤務地は、森北市内である。一部の例外とは、東京事務所や国の省庁への派遣であるが、多くの職員は、仮に異動があったにせよ、転居の必要もないし、子供の学校が変わることもない。にもかかわらず、人事異動の内示の日は、全職員が楽しみにしている「祭り日」なのである。その日は、まず職場内で情報交換がはじまり、次いで職場間で情報が飛び交う。そして、ついには庁外の関係者も、情報戦に参戦するのである。その手段も以前は電話であったが、今や電子メールが中心となっている。ときには、その職場の上司が、部下を通じてほかの職場の異動情報を入手することもある。もちろん、森北市立中央病院も例外ではない。事務局の職員は、ほぼ3年ローテーションである。一方、医療職のうち、医師の多くは大学病院からの派遣であるので、大学が異動先を決め、2か月前から3か月前、すなわち4月1日付の異動であれば1月から2月にかけて本人に内示する。薬剤師や診療放射線技師などの医療技術者は、異動先も限られることから、短くて5年、なかには10年を超す者もいる。看護師については、異動先は基本的に市立中央病院と市

立南部病院の2か所であるので、7、8年で異動することが一般的である。なかには15年を超す者も多く、場合によっては採用されてから定年退職するまで同じ病院に勤務し続ける者も少なくない。人事異動の内示は院長から当該職員に直接行われ、事務局職員にはじまり医療技術職員、次いで看護師、そして医師が最後であった。内示が完了したのは、開始から2時間経った11時過ぎであった。奥山が勤務したこれまでの職場では、職員の数も少なかったこともあり、10分程度で終わるのが常であったが、職員の数が多いうえに病院では患者対応している者、当直明けで自宅にいる者などで思いのほか時間を要した。

薬剤部門の人材確保

内示の伝達が終わり、奥山が事務局長室に戻ると部屋の前で薬剤局長花山陽子が待っていた。いつも明るい花山とは違い、緊張した表情をしている。

「事務局長、ちょっと相談があります。本日、内示がありましたが、薬剤局の永島主査のことです」

薬剤局の永島啓次には、保健所に転勤し、係長に昇任する内示をつい30分前に伝えたばかりである。彼は、年齢45歳、病院に6年間勤務しており、係長に昇任する年齢でもある。ローテーション的にも長くもなければ、短くもない。とくに、大きな問題が発生するとも思えないが、何か不満があるのだろうか。

「永島主査が異動すると病院にとって困ったことになるのですが、内示の撤回はできないのでしょうか?」

花山はなかば懇願するように恐る恐る話しはじめた。

「一度、お伝えした内示をやり直すことは不可能だとは言いませんが、難しいですね。困ったことになるとは、具体的にはどのようなことでしょうか?」

森北市役所ばかりではなく、ほかの自治体、民間企業を問わず、任免権者が一度伝えた人事異動の内示を撤回するには、相当の理由が必要となることは管理職にとっての基本であると奥山は認識していた。

「事務局長は「がん患者指導管理料3」について記憶されていないでしょうか。一度お話したことがあると思います」

「診療報酬については、基本料とか指導料、加算とかたくさんあって、話題になるたびにこの本で確認するようにしていますが、何しろ膨大な量ですべてを覚えているわけではありませんよ」

奥山は、「診療報酬総覧」という1000頁以上の大部の本を手にとって言った。

「「がん患者指導管理料3」は、2014年の診療報酬改定で新設されたもので、私たちの病院では今年の4月からこの指導料を算定できるよう準備を進めています」

いつもに早口の花山であるが、ゆっくりと噛みしめるよう話す。

「「がん患者指導管理料3」と永島主査の異動とどんな関係があるのですか？」

「その前に「がん患者指導管理料3」について、思い出していただくように、少し丁寧に説明します。「がん患者指導管理料3」とは、継続的な抗がん剤治療を受ける患者さんに対し、医師や薬剤師が抗悪性腫瘍剤の投薬や注射の必要性などについて、文書で説明を行った場合に200点が算定できるというものです。外来化学療法において薬剤師の介入が高く評価されたことだと思います。この場合、薬剤師については、要件があり、5年以上の薬剤師としての業務経験に加え、3年以上の化学療法の業務経験が必要です。加えて、40時間以上のがん関係の研修を修了し、さらに薬剤管理指導を50症例以上有することが必須となります。そして、がん関係の研修を修了した薬剤師としては、薬剤師会や学会から認定を受けた者ということが明示されています。このような薬剤師は、森北市職員の薬剤師では2人しかいないのです。1人は南部病院の野上係長、もう1人はウチの永島主査です。今回の内示では、南部病院の野上係長は残留のようですので、ウチには認定薬剤師は1人もいなくなるわけです」

「そうなると今年4月からの「がん患者指導管理料3」は、算定することができなくなってしまうということですね」

奥山もだんだんと事態の全貌が把握できるようになった。

「おまけにまだ困ったことがあります。さすがの事務局長も、私たちの病院が「がん診療連携拠点病院」に指定されていることはご存じですよね」

花山は、奥山がむかつくようなことを平気で言ってのけた。

「さすがの私も当然知っています。県内では大学病院、県立病院と中央病院の３病院だけで、ウチの看板になっていますからね」

「昨年の１月に厚生労働省から「がん診療連携拠点病院」に関する通知が出されました。そのなかで、「がん診療連携拠点病院」の指定を受けるには、従来から「専任の化学療法に携わる専門的な知識および技能を有する常勤の薬剤師を１人以上配置すること」という要件があったのですが、新たに「当該薬剤師は一般社団法人日本医療薬学会が認定を行うがん専門薬剤師、一般社団法人日本病院薬剤師会が認定するがん専門薬剤師、がん薬物療法認定薬剤師であることが望ましい」という「なお書き」が追加されました」

花山はあらかじめ用意していた資料を見せながら説明した。

「「がん診療連携拠点病院」についても、永島主査がいなくなると困るわけですね。ところで、この通知文のなかの「望ましい」とはどのような意味でしょう」

「「望ましい」というのは、厚生労働省の通知や基準にしばしば登場する用語です。絶対的条件ではないが、こうあった方がよいということでしょう」

「つまり、認定薬剤師がいなくても、指定は受けられるということですか？」

「それは、そうですが、昨年の通知で新たに追加されたことを斟酌すると認定薬剤師の配置がなかったら、病院の姿勢、意気込みが問われますよ。「がん診療連携拠点病院」にそうしたスキルをもった薬剤師がいないと回りの病院や患者からの信頼もなくなります」

花山はきっぱりと言い切った。

「わかりました。職員課と掛けあうよう健康福祉部に申し入れしたいと思います。しかし、結果は期待しないでください」

花山の迫力に気圧されて内示の撤回を働きかけることとなった。

栄養管理部門の人材確保

内示のあった日の夕方、栄養管理部の成田弥生が事務局長室を訪れた。

「栄養管理部の田村典子さんについて報告があります」

特定の職員の名前を出されてあらたまって「報告」と言われると悪い予感が頭をよぎる。これまで、こうした切り出しの報告はあらかた「良くない」ものであった。

「田村さんは8月にオメデタなんです」

「それは、本当におめでたい話ですね」

奥山は内心少し安堵した。どうやら予感がはずれそうだからである。

「おめでたいのは良いのですが、当然出産休暇や育児休暇を取得しますよね。そうなると1年から2年の間、田村さんが不在になりますから代替職員ということで新たに臨時職員を任用する必要があります」

「任用」という言葉は、一般社会では使用しないが、公務員の世界では採用、昇任、転任などを意味し、この場合は採用のことである。

「そうですね。栄養管理部の場合、管理栄養士の資格をもった人を臨時職員として任用する訳ですから一定のレベルは維持できることになりますね。何か困ったことでも、あるのでしょうか？」

栄養管理部に限らず、薬剤局、看護局、放射線技術部など専門職員を配置している部門では、出産休暇や育児休暇の取得者の代替は国家資格をもった者を臨時職員として充て正規職員と同レベルの力を備えた者を配置することとしている。

「まず、管理栄養士の資格をもった人の確保が難しいですね。私たちとしては、20歳代から40歳代を希望するのですが、こうした年代の人たちは、すでにほかの病院や事業所において現役で勤務しておられます。そうでない方は、家庭にいることが多いのですが、子育て中ということで、臨時職員を確保することは簡単ではありません。それから、田村さんの件は、もう一つ厄介なことがあります。それは、NST加算のことです。事務局長に、NST加算ってご存知ですか？」

「残念ながら、勉強不足で診療報酬の加算というのは、いくつかはわかりますが、NSTというのは、さっぱりわかりませんね。高校生のころラ

ジオの深夜放送からNSPというグループの音楽が流れていたのは、憶えていますが」

　奥山は頭を下げながら、こういうのが精一杯であった。

「NSPというのは、ニュー・サディスティック・ピンクというフォークグループで、私が小学生のころよくラジオで聞きましたよ。「夕暮れ時は寂しそう」という曲がヒットしましたよね。事務局長、冗談言っている場合ではないですよ。何の話をさせるのですか。そうそう、NST加算のことです。NSTというのはNutrition Support Teamの略で「栄養サポートチーム」ということになります」

　それから、成田による奥山へのNST＝栄養サポートチームのレクチャーがはじまった。簡単にいえば、栄養サポートチームとは、患者の栄養管理をその症状や治療の状況に応じて適切に実施するために、医師、看護師、薬剤師、管理栄養士など多職種で編成されたチームのことである。この取り組みは医療の質の向上の観点から有用性が評価され、一定の要件のもとに診療報酬上の加算が認められている。

「それで、今回の件とどういう関係があるのですか？」

「NST加算については、いろいろな要件があるのですが、その一つにNST専従者の必置というのがあります。要するに、NSTは、栄養管理に係る所定の研修を修了した医師、看護師、薬剤師、管理栄養士で構成されるのですが、そのうちの1人は専従でなければならないというものです」

「「専従」というと、その仕事ばかりしていなければいけないということですか？」

「そのとおり、専従者は栄養サポートチームの業務に専念しなければならないというのが厚生労働省の考えのようです」

「つまり、NST専従者に選任された人が、ほかの業務、たとえば、献立や栄養管理計画関係の仕事をしたらいけないということですね」

「おっしゃるとおりです。それで、今私が心配しているのは田村さんがウチの病院のNST専従者なのです」

「田村さんが不在の間は、誰か別の人をNST専従者に選任しなければならない訳ですね。誰か適任者はいますか？」

「先ほども言いましたが、NST専従者は栄養サポートチームの一員ですから、「栄養管理にかかる所定の研修を修了」した者でなければなりません。この基準をクリアできるのは、中央病院の栄養管理部には田村さん、ただ1人しかいないのです」

「えーっ！「栄養管理にかかる所定の研修を修了」というのは、管理栄養士の国家資格をもっていれば誰でもOKというわけではないのですか？だって、看護師であれば、国家資格を取得する際には、そうした知識は習得していないかも知れませんが、かりそめにも国家資格であるからには、管理栄養士は当然栄養管理についての技能や知識はもっているはずですよね」

奥山は、自分の頭の整理がつかなかったので、語気が強くなった。

「「栄養管理にかかる所定の研修」というのは、学会などが認める教育施設で行われるもので、合計の研修時間が40時間以上ということになっています」

「それって、何かに書いてあるのですか？」

「今、手元にはないのですが、厚生労働省の診療報酬についての通知や質疑応答集に記載してあったはずですよ」

奥山があまりしつこく聞くので、成田は憮然として言い放った。

「私の不勉強でつまらないことを尋ねて申し訳ない。整理すると田村さんが不在の間は、代わりのNST専従者を立てることはできない。したがって、NST加算をとれない。そういうことですか？」

「つまり、そういうことです」

「うーむ、それは困った。あらかじめ減収が想定されるのに、手をこまねいて何もしないわけにはいきません。ところで、NST加算による収入は1年間にどれくらいですか」

「NST加算は、対象者1人について200点で週1回加算できます。昨年度の実績は約1200件ですので、収入額は240万円くらいでしょうか？」

「それで、専従職員の人件費は賄えるのですか？」

「もちろん、現在は専従職員の人件費を賄えるところまでは行っていませんが、医療の質を高めるうえでは、非常に高く評価されていますし、病

院機能評価での評価項目に入っていますので、栄養サポートチームが設置され、活動していないと認定されませんね。今や、病院にとって栄養サポートチームは必須アイテムとなっているのです」

奥山の突っ込みに対して、成田も負けじと反論し、奥山はたじたじとなった。

「えーっ、わかりました。田村さんの不在に際して栄養サポートチームについてどのような対応が考えられるか、医事課も含めて来週、みんなで打ち合わせを行いましょう。それまでに、栄養管理部で考えられる対応策をまとめておいてください。医事課には、私から言っておきます」

すぐには回答できず、来週までの検討事項とするのが、関の山であった。

「ありがとうございます。それから、最後にお願いがあります。管理栄養士のほとんどは女性です。女性は出産、子育てなどで職場を離れることが多く、そのたびに代替職員の確保などで右往左往します。もう少し余裕をもった人員配置は考えられないでしょうか？」

「それは定数の問題もありますから、今すぐに答えが出るものではありません。栄養管理部の業務全体も含め中・長期的な観点から検討すべきことだと思いますね」

奥山は、そう言いながら実につまらない、誠意のない答えだなと自嘲した。

この日の夕刻、帰途の道すがら奥山は今日の出来事を振り返って、事務局長や副事務局長など事務職員の代わりは何人でもいるが、医師や薬剤師など資格をもった職員はその確保には多大なエネルギーを費やすものであることを痛切に感じたのであった。

エピソード **11**

事務長研修会

経営人材の確保

　7月中旬、奥山は大阪で開催された病院関係団体主催の事務長研修会を受講した。3日間にわたった研修会は、自治体病院をはじめ公的病院や民間病院の事務部門のトップを対象としたものである。内容は、診療報酬改定の動向、労務管理、経営改善、クレームへの法的対応策、さらには事務長の事例発表などきわめてバラエティに富むものであった。なかでも印象に残ったのは関西の茶屋中央病院の事務長戸山利治の経営人材育成の取り組みに関する事例発表であった。戸山は禿げあがった額の汗を皺くちゃのハンカチで拭きながら、ダミ声の関西訛りで報告した。

事務職員の満足度
　私たち、茶屋中央病院の職員は自分たちの病院は日本一の病院だと思っています。病院の規模は300床をやっと上回る程度ですから、施設やスタッフについては皆さんの病院の方がはるかに素晴らしいと思います。何が日本一かと申しますと患者満足度と職員満足度です。もちろん、そんなランキングなんて日本中どこ探してもありません。私たちがそう思っているに過ぎません。私たちの病院は毎年、独自に患者さんや職員を対象として満足度調査を実施しています。調査結果は当然満足度100％とはいきませんが、いつも高い水準にあると思っています。職員に関しては、とくに事務部の職員の満足度が高いレベルにあることは皆さんの前で自信をもって断言できます。職員の満足度については、どこの病院でも共通することがあると思っています。医師や看護師等医療スタッフは給料をある程度高くして働きやすい環境を整備すれば、仕事は少々つらいことがあっても使命感をもって明るく元気に頑張ります。ところが、事務部の職員は違います。いつもおし黙ってひたすら事務処理をするばかり。皆さんの病院で満足度調査を

実施されれば、総じて「満足していない」「やや満足していない」の回答割合が高くなると思います。

　しかし、私たちの病院は皆さんの病院とは違います。「非常に満足している」「満足している」が高くなっています。医療スタッフと同程度です。今は、こうして胸を張って皆さんの前で言っていますが、以前はそうではありませんでした。15年ほど前に当時の病院幹部が事務職員のモチベーションを高めなければならないという問題意識をもったのです。当時、私は会計課の課長代理をしていましたが、病院長や事務長から事務部の職員の満足度がなぜ低いのかについて尋ねられました。その時の私の答えは次のようなものでした。

　「病院で働く人々は、事務職員を除いて国家資格をもった専門職としての扱いを受けているが、私たち事務職員は、プロフェッショナルの仕事をしていると自分たちは思っていても周りはそう見てくれません。そのようななかでは職員の満足度があがらないのは当然です。事務職員のモチベーションを上げるためにはプロの職員として育てることが大事なのではないでしょうか」

ビジネススクールへの派遣

　当時の病院幹部が私の言うことをしっかりと受け止めていただいたことは、1週間後にわかりました。私は病院の院長室に呼ばれ、院長からこう言われました。

　「これからの病院は今までのように「勘と経験」に頼って経営していたのでは、外部環境が大きく変わるなか、生き残ることができない。病院経営を専門的に勉強した職員がトップを補佐することが必要である。それなのにわが病院には病院経営の専門家は不在である。事務部の職員が病院経営を担ってほしい。このため、今後、われわれの病院は、事務部職員を経営人材として積極的に、組織的に育成しようと考えている。具体的には、5年に1人程度経営大学院(ビジネススクール)に派遣して経営学を勉強してもらおうという計画である。その第1号として君を指名したい。当然のことであるが、学費や交通費等は病院持ちで君はひたすら勉強してもらえばよい。もちろん、即断はできないだろうから1週間後に答えを聞かせてほしい」

　私は院長からこの話を聞いて目を白黒すると同時に感激しました。何しろ一介の病院の事務員が大学院で経営の勉強をしなさいという話です。当たり前のことですが、院長や事務長の前で事務部の人間をプロとして扱ってほしいと主張した手前断る訳にはいけません。私は実は工学部の機械工学科出身ですから、簿記も法律も体系的に学習したことはありません。まったくのド素人でした。このため、イチから勉

強をはじめ、必死になって頑張りました。何しろ費用は全額病院持ちです。ビジネススクールの学費は、一体いくらかご存じですか。1年間で100万円、2年間ですと200万円になります。そして、交通費も出してもらいました。それから、通常の講義は夜間あるいは土曜日ですので、仕事に大きな支障はないのですが、集中講義は、平日の昼間に行われます。当然、勤務時間に食い込むわけですが、集中講義に出席した時間は勤務扱いとさせていただきました。このように破格の処遇で2年間、ビジネススクールで勉強させてもらいました。病院事務職第1号のビジネススクール入学ですから、院内外で注目を浴びました。

先ほど、学費は1年間で100万円と申し上げましたが、私たちの病院は黒字ですが、利益率は1％から2％程度です。医業収益100円に対して医業費用が98～99円です。これで利益は、何とか1円から2円になります。100万円の学費を捻出するためには、5000万円から1億円の増収が必要です。これは入院患者の1日の単価が5万円とした場合1000人から2000人に相当します。これだけの入院患者を増加させるのは並大抵の努力で達成できるものではありません。まさに院長の大英断で自分がビジネススクールに派遣される、こう思うと自然に涙が出てきました。妻と一緒にこの病院に死ぬまで尽くそうと語り合ったものです。話は少々脱線しますが、私、ウチの病院に「恩義」を感じています。大学を卒業するときに不況でどこにも採用されず、理系なのに拾ってもらったという点が一つです。そして、二つ目がビジネススクールに多額の経費をつぎ込んで勉強させていただき、自分を成長させてもらったことです。「恩義」とは大変古い言葉で恐縮ですが、私以外にもウチの病院に「恩義」を感じている職員は、医師をはじめたくさんいます。とくに、若いドクターではなく、20年以上勤務しているベテランの医師がよく言います。共通しているのは、自分を成長させてもらったということです。ウチの病院は、個人個人を大切にし、個人を発展させる機会を常に提供してきたということだと思います。そのことを経営幹部が意識して取り組んできており、その一つが事務職員のビジネススクール派遣なのです。当然のことですが、ビジネススクールに通っているからといって院長や事務長は甘い顔をしませんでした。病院幹部の期待に応えるためにも本来の業務はおろそかにできませんから、それまでの2倍、3倍仕事はしました。

ビジネススクールで学んだこと

　私がビジネススクールで学んだことの一つは、病院経営は会社経営と同じであるということです。もちろん、病院は医療法やその他の法令で規制を受けていますから参入障壁があり、護送船団方式で護られ

ているといえますが、どんぶり勘定で経営していたら、最終的には患者を不幸にし、地域社会に迷惑をかけるということです。

　また、経営学の大きなテーマに組織論があります。これを学ぶことによって職員のモチベーションを高めることがいかに重要であるかを知りました。とくに、病院現場は「ヒト」で成り立っています。患者さんが一刻も早く回復するよう、医師、看護師、薬剤師、診療放射線技師等多くの専門職が頑張っています。このマンパワーがどれだけ力を発揮できるかについてビジネススクールからたくさんのヒントを得ました。茶屋中央病院では、先ほどお話ししたように、病院あげて経営人材の育成に取り組んでいます。ビジネススクールへの派遣に加えて、「院内ビジネススクール」を継続して開催しています。このスクールは、院長が校長、私が事務局長を勤め、テーマによっては講師を買って出ることもあります。スクール生は事務部の職員が中心ですが、ときには医師や看護師等医療スタッフが混じることもあります。講師は、おもにビジネススクールに派遣された職員が担いますが、ときには公認会計士や医療コンサルタントにお願いすることもあります。どこの病院でも、診療部門を中心に院内レクチャーやカンファレンスが活発に行われており、「学習する風土」が形成されていますが、事務職員はその風土の埒外であるのが現状ではないでしょうか？　端的にいえば、事務部門には「学習する風土」がないのが実態ではないでしょうか。院内ビジネススクールは事務部門に「学習する風土」を作り、事務職員のやる気の種を蒔くのが目的です。ビジネススクールに派遣された職員は、初代の私を皮切りにすでに5人を数えています。そのなかの1人がほかの病院に転出しました。せっかく200万円以上の学費を投じてビジネススクールで勉強させたのに、退職するのは何事だという意見が院内にありましたが、その時院長は、経営人材を重視する病院が多くなるのは医療界全体の底上げになるといって喜んで送り出しました。

職員のモチベーション
　私たちの取り組みは事務職員の学ぶ環境を整備することによって職員の学ぶ意欲を喚起する、そして職員が実際に病院経営を学ぶことによりモチベーションの向上につながっています。この結果、これまで低かった事務職員の満足度が向上するようになりました。私たち幹部職員の役目は、職員の付加価値を高めるための動機づけを行うことであると思っています。学ぶことによってプロフェッショナルとしての付加価値を高め、それを病院全体として「承認」することで、さらに職員のモチベーションを高めることが重要です。そうした職員につ

いては院長が1年に一度表彰を行い、院内の広報誌やホームページで取り上げます。もちろん、先ほどから何回か申し上げているように学ぶことについての経費は病院負担ですが、その結果、そうした職員が頑張り、病院経営が安定するわけですから、けっして小さな金額ではないものの無駄な費用にはならないと思います。病院経営は診療報酬の改定や消費税という外部環境に左右されるところが大きいわけですが、こうした外部環境の変化にきっちりと対応できる「強い体質」に改善する必要があります。経営人材の役割は病院経営のバックボーンを支えるとともに、病院経営の戦略づくりを担うところにあります。私たちの病院も先ほど申し上げたようにかつては事務職員の満足度が低かったのですが、それを高めることによって良質の病院経営が可能となったと確信しています。

自治体病院と経営人材育成

ところで、今日の研修会には自治体病院の事務長さんがたくさんお見えになっているとお聞きしましたが、少々生意気なことを言わせてもらいます。自治体病院のいくつかは何年間も黒字を連続しているといわれていますが、実態は一般会計からの繰り入れでカバーしているのが実態ではないでしょうか？　日本全国、オールジャパンで総額7000億円もの税金が自治体病院に投入されていると聞きます。もし、一般会計からの繰り入れ、つまり補助金がなかったらすべての自治体病院は赤字ではないでしょうか。私たち、民間病院は補助金がなくても立派に黒字経営を続けています。「がん連携拠点病院」や救命救急センター等の指定も受け、自治体病院と同じような機能を果たしています。私たちの病院が補助金なしに黒字を継続しているのも事務部を大事にして経営人材を育てているからであると思っています。しっかりとした経営人材を育てれば、論理の飛躍かも知れませんが、一般会計からの繰り入れはもう少し減少するのではないでしょうか？　そうなれば、これまで病院に投入していた税金を別の市民サービスに使うことができますから、市民の利益にかなうわけです。こうして考えると経営に有用な人材を1人養成するのに必要な費用はけっして無駄ではなく、市民に還元されることになるのではないでしょうか。

まとめ

最後にまとめになりますが、病院を取り巻く環境が大変厳しい時代にあっては民間病院、自治体病院を問わず、事務部門が病院経営を担っていかなければならないと考えます。そのためには、しっかりとした人材を育成する必要があります。ご静聴ありがとうございました。

経営人材育成の課題

　奥山は大阪での研修から病院に戻り、副事務局長の星山に戸山の事例発表の要旨を示しながら感想を問うた。

　「経営人材の育成ですか。重要なことだとは思いますが、簡単にはいきませんね。なぜなら、市立病院の場合、事務局の職員はほぼ3年ローテーションで異動します。都市整備部で用地交渉を担当していた職員が病院の会計係に配属され、3年後に税務部に異動し固定資産税の家屋調査を担当する、こういった例はこれまで数多く見てきました。茶屋中央病院のように2年間ビジネススクールに行くなんて考えられません。ビジネススクールを修了したと思えば、すぐに異動です。しかも、学費を病院が負担することは他の病院職員が納得しません。下手すると住民監査請求という事態にもなりかねません。おまけに事務局の職員は病院への愛着心がほかの職員ほど決して強くありません。市役所の職員である以上、市役所の組織の中でキャリアアップを図るのが自然というものでしょう。市立病院に勤務するのは、自分のキャリアを形成するうえでの一つの通過点にしかすぎません。病院職員である前に市役所職員であると考えています。事務局長も市役所に長くお勤めですからその点はおわかりでしょう」

　まさに星山の言うとおりだと奥山は感じた。実に核心を衝いた回答であった。それでは、どうすればよいのか、奥山は天を仰ぐばかりであった。

第 II 部
概説編

第1章

病院経営と医療の質

1　病院の社会的役割

　医療法では、病院について「医師又は歯科医師が、公衆又は特定多数人のため医業又は歯科医業を行う場所であつて、二十人以上の患者を入院させるための施設を有するものをいう」と定義し、「傷病者が、科学的でかつ適正な診療を受けることができる便宜を与えることを主たる目的として組織され、かつ、運営されるものでなければならない」と規定している。（同法第1条の5）このように公益性の強い病院であるが、その社会的役割は、①傷病者の診療、②地域医療への協力、③研究、④教育といわれている。

2　自治体病院の使命と健全経営

　自治体病院は、地方自治体によって開設された病院であり、運営に必要な資金の一部は住民の税金によって賄われている。確かに大部分は、診療報酬等「自前」の資金であるが、一般会計からの繰入金なしには運営できないのが現状である。また、歴史的にも自治体病院は、明治時代に創設されるなど古くから地域医療を支えてきたところも少なくなく、その歴史は住民とともに歩んできたともいえる。
　それゆえに、地域住民の自治体病院への期待は大きく、地域医療を担う

中核的な医療機関としての役割を担うことが求められている。自治体病院であろうとも、赤字が続くと満足な医療を提供することができず、結果的に住民に損失を与えることになる。自治体病院は、ただ単に黒字決算を追い求めればよいというものではない。自治体病院が健全経営を目指すのは、地域住民の期待に応え、自治体病院の使命を達成するためであることを認識する必要がある。自治体病院の使命について、全国自治体病院協議会では、2013（平成 25）年 5 月に定めた「倫理綱領」のなかで、「自治体病院は、都市部からへき地に至るさまざまな地域において、行政機関、医療機関、介護施設等と連携し、地域に必要な医療を公平・公正に提供し、住民の生命と健康を守り、地域の健全な発展に貢献することを使命とする」と宣言している。また、同綱領では、使命を達成するための具体的な行動指針として、①地域医療の確保、②質の高い医療の提供、③患者中心の医療の推進、④医療安全の徹底、⑤健全経営の確保の 5 項目を示している。まさに、「健全経営」は、自治体病院の使命を果たすうえで重要なファクターとなるのである。一方、高い使命を有する自治体病院であるが、その経営状況について、多くの人々は、けっして好ましくないイメージを抱いている。一言でいえば、「健全経営」とは対極にある「赤字体質」である。こうしたイメージが世間で流布される理由としては、近年いくつかの自治体病院の問題がクローズアップされたことによるものと考えられる。

3　病院の経営状況

（1）経営主体別の病院の経営状況

　病院の経営主体別の経営状況について、厚生労働省の「医療経済実態調査[1]」によりその概況を知ることができる。この調査によれば 2014（平成 26）年度の決算において、自治体病院を中心に赤字幅が拡大し、病院の経営状況がさらに厳しくなっている。一般病院の同年度の損益差額はマイナス 3.1％で、前年度から 1.4 ポイント悪化し、1 施設あたりの損益は約 1 億

1800万円であった。その内訳は、医療法人では約 3800 万円の黒字を計上しているものの、国立病院で約 1900 万円、自治体病院で約 5 億 8100 万円の赤字であり、自治体病院が際立っている。

(2) 自治体病院の経営状況

決算状況の推移

これまでの自治体病院の経営状況をみると、1980 年代前半は、経常損失を生じた事業数は、50% を超えていたが、1980 年代後半は診療報酬の引き上げなどにより黒字の事業が過半数を占めるに至った。とくに、1987 (昭和 62) 年度は患者数の増加と診療報酬の引き上げ改定等があいまって、70% 近い事業が黒字決算となった。しかしながら、1990 年代に入ると一転、赤字の事業が過半数を超え、1993 (平成 5) 年度にはピークを迎え、3 分の 2 の事業が赤字決算となった。診療報酬のプラス改定はあったものの、職員給与費や材料費の増加により費用の伸びが収益の増加を上回ったものである。2000 年代初頭は、わずかながら黒字の事業が過半数を占めたが、診療報酬のマイナス改定の影響により 2002 (平成 14) 年度から 2009 (平成 21) 年度まで連続して赤字の事業が 60% を超えたところである。総じていえば自治体病院の経営状況を全国ベースでみた場合、黒字と赤字を交互に繰り返しており、すべての自治体病院が赤字体質という訳ではないが、多くの年度で赤字決算となった病院事業が過半数を超えている。

公立病院改革ガイドライン

自治体病院の赤字決算が続くなか、総務省は 2007 (平成 19) 年 12 月に「公立病院改革ガイドライン」を全国の地方自治体に示し、2008 (平成 20 年) 度中に「公立病院改革プラン」を策定すること、これに基づき病院事業経営の改革に総合的に取り組むことを要請した。ガイドラインでは、①経営効率化、②再編・ネットワーク化、③経営形態の見直しという三つの視点に立った改革を進めることを求め、多くの自治体で公立病院改革プラ

ンの策定を行った。

各地方自治体では公立病院改革プランに基づき病院の経営改革に取り組んだところであるが、2009（平成21）年度以降の状況についてその概況を具体的に見てみたい。図表1-1は自治体病院の2009（平成21）年度から2013（平成25）年度までの5か年間の事業数、病院数、損益収支の状況の推移である。この間事業数は16、病院数は77減少している。この要因としては地方独立行政法人への移行（49病院）、次いで診療所化（29病院）、統合（17病院）があげられる。一方、純損益については、2010（平成22）年度と2012（平成24）年度は約9億4100万円、約42億4200万円の黒字であったが、2009（平成21）年度、2011（平成23）年度、2013（平成25）年度は約1069億5700万円、約11億2300万円、約429億2300万円の赤字となっている。これを病院数について見ると、図表1-2に示すように黒字病院数が赤字病院数を上回ったのは、2010（平成22）年度と2011（平成23）年度であり、それ以外の年はいずれも赤字病院数が黒字病院数を上回っている。2013（平成25）年度については、全国の自治体病院826（建設中の病院13を除く）のうち、純利益を生じた病院は372（45.0％）、純損失を生じた病院は454（55.0％）となっている。

図表1-1　自治体病院の事業数、病院数の推移、損益収支の状況

区分	2009（平成21）年度	2010（平成22）年度	2011（平成23）年度	2012（平成24）年度	2013（平成25）年度	備考
事業数	659	654	652	643	643	
病院数	916	883	863	847	839	
総収益	3,998,677	3,978,917	3,951,468	3,942,866	3,955,440	百万円
総費用	4,105,634	3,977,976	3,952,591	3,938,624	3,998,363	百万円
純損益	-106,957	941	-1,123	4,242	-42,923	百万円

（出所）　総務省自治財政局編「地方公営企業年鑑第61集」をもとに筆者作成。

図表 1-2 純利益・純損失を生じた自治体病院数

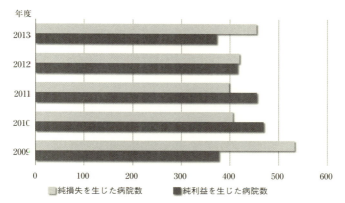

（出所） 総務省自治財政局編「地方公営企業年鑑第 61 集」をもとに筆者作成。

新公立病院改革ガイドライン

国においては、高齢化や人口減に対応する医療制度改革を進めるため、2014（平成 26）年に「医療介護総合確保推進法」を制定した。この改革と一体的・総合的に公立病院改革を進めることが可能となるよう、2015（平成 27）年 3 月に「新公立病院改革ガイドライン」が示された。

自治体病院における経営改善の取り組み

公立病院改革プランに基づき各自治体病院では経営改善についての取り組みが積極的に展開された。その取り組み事例を①収益の確保、②費用の削減、③マネジメントの視点から整理すると図表 1-3 のとおりとなる。

図表 1-3 自治体病院における経営改善の取り組み例

(収益の確保)

診療単価の改善	医師の充実やスタッフの増員による高位の施設基準の取得
	救命救急入院料、入院時医学管理加算などの施設基準の新規取得
患者の確保	空きベッドを有効活用し、病棟で各科混合ベッドとして使用
	重篤な患者の積極受入れ、紹介・逆紹介による地域の医療機関との積極的な連携
	社会福祉士採用による退院調整室の設置、訪問看護ステーションの開設、介護サービス事業所との連携強化

(費用の削減)

医療材料費の抑制	民間病院における購入価格との比較検討を行った上で、より安価に購入
医療機器購入費の削減	購入機器の機種やメーカーを限定せず、同様のメーカー別機器を競合させることにより契約価格を抑制
	保守管理の充実による更新時間の延長
その他	収益を伴わない人員や材料費の増加は行わない

(マネジメント)

目標設定	年度の初めに各部署の年度目標を定め、統括副院長に提出。病院の基本理念とともに、月次の会議で周知徹底
	全職種の主任以上が参加する会議を毎月開催し、診療科別、入院外来別に患者数と収益を前月・前年同月と比較するとともに目標達成数値を確認
	部門ごとに重点目標を決め、同様に前月、前年同月と比較し目標達成数値を確認
コミュニケーション	病床利用率の低い診療科に対して、随時、院長面談を行い、問題点や課題の洗い出しと改善手法を助言

(出所) 総務省編「公立病院経営改善事例集」等をもとに筆者作成。

4　経営の質と医療の質

(1) 経営の質

　病院経営にとって収支均衡や黒字決算を達成することは大きな課題であるが、同時に「経営の質」や「医療の質」を高めることも重要である。病院は、医療を担う事業体であり、とくに地域住民の健康を守る使命を有することから、Going Concern すなわち「事業継続」が求められる。Going Concern は、もともとは永続的な企業としての株式会社を表す言葉であったが、病院という事業体は患者がいる限りその活動を継続しなければならず、病院についても十分に該当すると思われる。

　「経営の質」について、まず財務の観点から考察する。経営の質を財務の観点からとらえる場合、「収益性」「安全性」「機能性」という視点が重要である。株式会社等営利法人においては、損益計算書や貸借対照表等財務諸表により評価され、収益性、安全性、成長性という視点が重視されるが、病院の場合成長性よりも機能性という視点に重きを置かれる必要がある。

　「収益性」は、病院がどれだけ収益を確保できる体質であるかを示すものである。医業利益率、総資本医業利益率等が収益性の評価指標となっている。なお、自治体病院の根拠法である地方公営企業法第3条では経営の基本原則として「常に企業の経済性を発揮するとともに、その本来の目的である公共の福祉を増進するように運営されなければならない」と定めている。

　「安全性」は、借入金は返済義務が生じると同時に金利支払いが生じることから長期借入金の健全性を表すものである。自己資本比率や固定長期適合率などが安全性の評価指標となっている。

　「機能性」は、「医療の質」とも連動する内容であるが、病院に与えられた社会的機能、いわば医療機能がどれだけ発揮されているかを示すものである。病床利用率や患者1人1日あたりの入院収益などが機能性の評価指標となっている。

また、財務の観点ばかりではなく、患者満足度、職員の育成、職員のモチベーション、経営理念の策定・浸透などの観点も経営の質を高めるうえで重要である。

(2) 医療の質

　病院が本来の役割を果たすためには、地域に密着し、安全・安心の医療を提供するとともに、患者から信頼と納得を得られるサービスを行う必要がある。こうした質の高い医療サービス、すなわち医療の質を具体的に評価するため、さまざまな試みがなされている。

　医療の質をはじめて提唱したのは、アメリカの公衆衛生学者であるドナベディアン博士である。彼は、医療の質を「構造指標」「経過指標」「結果指標」という三つの視点から評価した。

　「構造指標」とは、病院など医療サービスの提供者に関する指標であり、患者1人あたり医師数、看護師数、病室の面積、医療機器・機材の有無などから構成される。

　「経過指標」とは、医療機関などによって提供される医療サービスの活動内容を指し、具体的には診察、看護、検査などである。

　「結果指標」とは、治療後の患者の健康状態であり、治療結果、治癒率、罹患率、患者満足度などがこれにあたる。

　医療の質に関する考えは、日本にも普及し、現在多くの病院で臨床指標（クリニカル・インディケーター）として導入され、それぞれの病院のホームページで公表されている。

　また、全国の自治体病院で組織する、公益社団法人全国自治体病院協議会では、「医療の質の評価・公表等推進事業」に取り組み、2015（平成27）年度は161の病院が参加した。この事業に参加する病院は臨床指標として図表1-4に示す項目について評価を行い、同協議会のホームページで公表している。

図表1-4　全国自治体病院協議会における医療の質の評価指標［2015（平成27）年度］

一般病院の指標	精神科病院の指標
○入院患者満足度（一般・精神共通指標）	○入院患者満足度【精神科再掲】
○外来患者満足度（一般・精神共通指標）	○紹介率【精神科再掲】
○紹介率【一般】	○逆紹介率【精神科再掲】
○逆紹介率【一般】	○新入院頻度【精神科】
○紹介率【地域医療支援病院】	○緊急措置入院件数【精神科】
○逆紹介率【地域医療支援病院】	○措置入院件数【精神科】
○新入院患者紹介率	○退院頻度【精神科】
○在宅復帰率	○在院3か月以内退院率【精神科】
○院内他科入院中の精神科診察依頼頻度	○退院後3か月以内の再入院率【精神科】
○精神科病院入院からの身体疾患受入れ頻度	
○地域医療機関サポート率	○在宅復帰率【精神科】
○地域分娩貢献率	○救急車来院患者数【精神科】
○地域救急貢献率	○警察関係車両来院患者数【精神科】
○転倒・転落レベル2以上発生率	○転倒転落レベル2以上発生率【精神科】
○褥瘡推定発生率	
○クリニカルパス使用率【患者数】	○褥瘡推定発生率【精神科】
○クリニカルパス使用率【日数】	○クリニカルパス使用率【精神科】
○肺血栓塞栓症の予防対策実施率	
○脳梗塞入院1週間以内のリハビリ強度	
○急性心筋梗塞14日以内院内死亡率	
○ステージⅠ乳がん患者の乳房温存率	
○大腿骨地域連携パスの使用率	

（出所）　全国自治体病院協議会の資料をもとに筆者作成。

注

1　「医療経済実態調査」は社会保険診療報酬に関する基礎資料を整備することを目的として中央社会保険医療協議会が2年に1回実施している。2015（平成27）年で第20回であり、2014（平成26）年4月から2015（平成27）年3月末までに終了した事業年（度）および2013（平成25）年4月から2014（平成26）年3月末までに終了した事業年（度）の2期間について調査がなされた。病院については全病院の3分の1を対象とし、回答率は52.9％であった。

第2章

病院の組織構造と内部組織

1　病院の組織構造と組織特性

(1) 病院の組織構造

　経営組織について、権限と責任の体系の観点から整理すると職能別組織および事業部制組織に分類される。職能別組織は、トップ・マネジメントの方針や指示命令が直線的に伝達される組織形態で、「専門化の原則」を採用し、水平的分業が幅広く実施されている。また、それぞれの部門の構成員は共通の専門性を有することが多いという特徴を有する。日本の病院組織は医師、薬剤師、看護師、診療放射線技師、臨床検査技師等それぞれの職能に応じて編成されており、その基本は職能別組織にあるということができる。

　一方、事業部制組織は、地域ごとあるいは製品ごとの事業部を単位とする組織である。たとえば、電機メーカーであればテレビ事業部、冷蔵庫事業部などといったように製品ごとの事業部で組織を構成する。これを病院に置き換えれば、外来部門、病棟部門、手術部門ごとに事業部を設置し、それぞれの事業部に医師、看護師、医療技術者、事務職員を配置するといったイメージである。

(2) 病院の組織特性

専門職の二面性

いうまでもなく、病院組織は医師、看護師、薬剤師等多くの専門職によって構成され、これらの職種の存在なしには病院経営は成り立たない。専門職の特性が、そのまま病院組織のありようを規定していると言っても過言ではない。病院の専門職は、ほかの多くのプロフェッションがそうであるように、組織への帰属関係において二面性を有している。まず、病院と雇用関係があることから病院に帰属している。次に、専門職として職能集団に帰属している。たとえば、医師は医師会、学会等に、看護師は看護協会に、薬剤師は薬剤師会や学会等に属していることが一般的である。これらの職能集団は情報交換だけでなく、専門職の教育機関としての機能も有している。専門職が病院と職能集団に属する期間は職能集団の方が長く、場合によっては職能集団への帰属意識が高い者も現われる。

指揮命令系統の二面性

病院組織においては、医師は各診療科に、看護師は看護部門に、薬剤師は薬剤部門に属し、上司はそれぞれの部門長であるのが一般的である。

一方、患者に対する医療行為について、基本的に指揮命令権は医師に専属し、結果責任についても医師が負う。ほかの職員は医師の指示に基づいて業務を遂行することになり、医師の指示がなければそのスペシャリティを発揮できない。いわば、診療の現場では医師が上司になる場面が多い。個々の医師の診療行為については、院長であっても指示を出すことはない。すなわち、病院には指揮命令系統において組織図におけるラインと診療現場でのラインと二つのラインが存在する。前者のラインは人事等経営管理の場面では後者に優越し、逆に実際の診療行為においては後者が機能することになる。

2　病院の内部組織

(1) 院長

　院長は病院における最高責任者であり、医療法上の管理者にあたる。医療法では「その病院又は診療所が医業をなすものである場合は臨床研修等修了医師に（中略）これを管理させなければならない」（同法第10条）と規定し、管理者は医師が担うこととなっている。

　自治体病院をはじめ、国立病院や公的病院では、開設者と管理者（院長）が異なることが一般的である。この場合、開設者は経営方針を策定し、院長は現場の責任者として管理を担う。民間病院であれば、開設者が管理者であることも少なくなく、経営責任者と現場の責任者が一致することになる。

(2) 診療部門

　診療部門は医療サービスを提供する基幹的な部門であり、内科、外科、小児科等の診療科により構成されており、入院診療、外来診療、救急診療等診療業務全般を担っている。診療部門は基本的に医師で構成されるが、病院によっては診療部門に放射線部門、リハビリテーション部門、臨床検査部門を含む場合もあり、このような場合は、診療放射線技師、理学療法士等医療技術者が配置されることがある。

　ここで留意すべきは、標榜診療科と病院組織における診療科との関連である。医療機関が標榜する診療科名として広告可能な範囲については、基本的な考え方が医療法施行令に定められるとともに、厚生労働省医政局長通知において診療科名として広告可能な具体的な名称や不適切な診療科名が示されている。一方、いくつかの病院の診療部門の組織図には、たとえば、ペインクリニック科等先の通知では広告することが認められないとされる部門を見ることがある。これらは、積極的に広告するものではない

が、内部的には必要な部門であり、病院内部の組織の名称であると理解すべきであろう。

また、診療現場と組織上の診療科が一致しない点についても、留意する必要がある。たとえば、診療現場として代表的なものは、外来と病棟である。組織としての「外科」に属する医師は、午前中は現場である外科の外来で診療を行い、午後は外科病棟で入院患者を診察することが一般的である。一方、看護師は、組織的には「外科」に属するのではなく、看護部門の外科外来、あるいは外科病棟に配置されている。

(3) 看護部門

第二次世界大戦以前の看護職員[1]の病院組織における位置づけは、現在に比べ高くなく、各科外来や病棟の責任者は医師であり、看護職員は医師の補助者として処遇されていた。戦後、GHQの看護制度改革の流れのなかで、病院に診療部門とは独立して看護職員を統括する看護部門（看護部等）が設置されるようになり、今日に至っている。このような組織改革はアメリカにおける看護部門の態様を取り入れたといわれている。

戦後確立した看護部門の特徴の一つは、部門長をトップとするピラミッド構造であることである。このような組織構造においては、看護部門のトップが病院内のすべての看護職員を統括し、各診療科の医師は看護職員に対する組織上の指揮命令権を有していない。

次に、看護部門は看護職員によって構成される組織であるので、その構成員がほかの部門に比べ圧倒的に多くなることである。病院に勤務する従業者のうち最多の職種は、いうまでもなく看護職員であり、病院職員のうちの5割以上を占めている。たとえば、1000人の看護職員がいる病院であっても、看護部門は一つであり、そのトップは1人なのである。看護部門のトップの管理権限はほかの部門に比べてきわめて強く、管理の範囲も広大なものとなっている。

また、最近では、その重責から看護部門のトップを副院長に任じ、あるいは法人の理事に置くなど経営幹部として積極的な登用を行っている病院

も少なくない。

（4）医療技術部門

薬剤部門

　薬剤部門は、医薬品の採用、病院内の医薬品の在庫管理、調剤等薬剤に関する業務全般を担っている。医薬分業の進展にともない外来患者への調剤が院内処方から院外処方へと移行している一方で、病棟での患者への服薬指導、外来でのがん化学療法への対応等質的な変化が見られる。さらに、医薬品情報（DI）の提供、臨床試験や治験へのサポート等薬剤部門の業務は拡大している。組織的には、薬剤部門は薬剤師で構成され員数的には多くはないが、診療部門や看護部門と同列に扱われることが少なくない。また、ほかの医療技術部門ではそのトップが医師である場合が多いが、薬剤部門の長は薬剤師であることが一般的である。

放射線部門

　放射線部門は、放射線診断、放射線治療、核医学に関する業務を担当している。組織的には、診療部門を構成する診療科として位置づける病院が多い。この場合、マンパワー的には放射線部門のトップは医師が務め、その下に国家資格を有する診療放射線技師が配置されるのが一般的である。この両者が連携しながら診断、治療等の業務を行っている。また、診療部門に放射線科、医療技術部門に中央放射線科を設置している病院もある。この場合、診療部放射線科は医師のみで構成され、医療技術部中央放射線科には診療放射線技師が配属されることが多いが、実際の検査や治療においては、医師の指示のもと放射線業務が行われている。放射線部門に配備されている医療機器は、X線撮影装置、マンモグラフィー、CT、MRI、リニアック等高額なものが多い。これらの購入費や保守管理料は病院経営上無視できないものがあり、契約を担当している事務部門だけの努力では圧縮できない。このため、これらの機器についての技術的な知識を有する放射線部門の協力が必要となっている。

臨床検査部門

臨床検査部門は、医師に診断や治療方針の決定に必要なデータを提供するため、血液検査、生化学検査や生理検査といった業務を担当している。組織的には、診療部門を構成する診療科として位置づける病院が多いことは放射線部門と同様である。この場合、人員構成的には臨床検査部門のトップは医師が務め、その下に国家資格を有する臨床検査技師が配置されるのが一般的である。また、例としては多くはないが、放射線部門と同様、診療部門とは別に医療技術部門を置き、臨床検査科を設置している病院もある。なお、臨床検査部門には、病理組織の検査等を行う病理部門や輸血関連の検査や血液製剤の管理等を行う輸血部門を含めることも少なくない。いずれの部門も臨床検査技師の活動領域である。

栄養管理部門

栄養管理部門は、患者の給食管理、栄養管理、栄養相談等の業務を担当している。以前は、給食の提供が主たる業務であったため、事務部門に位置づけられていた病院も少なくなかったが、現在は診療部門あるいは医療技術部門に属することが一般的である。ほかの医療技術部門と同様、栄養管理部門の長は医師が配置されることが多く、管理栄養士・栄養士・調理師等で構成されている（詳細は第10章を参照）。

リハビリテーション部門

リハビリテーション部門は、運動機能障害や知的機能・心肺機能等の障害を対象として治療や治療的訓練に関する業務を行う。多くの病院では、診療部門の一つの診療科として位置づけており、この場合、人員構成的にリハビリテーション部門のトップは医師が務め、その下に国家資格を有する理学療法士、作業療法士や言語聴覚士が配置されるのが一般的である。診療部門とは独立して医療技術部門を置き、このなかにリハビリテーション科を設置している病院があることは、放射線部門や臨床検査部門と同様である。

臨床工学部門

　臨床工学部門は、血液浄化業務、手術室業務、機器管理業務、内視鏡業務等の業務を担当する。臨床工学部門には臨床工学技士が配置されるが、そのトップには医師が就くことが多い。臨床工学技士が国家資格として制度化されたのは1987（昭和62）年であり、医療関係の国家資格としては歴史が浅いものの、今や病院にとっては不可欠の存在である。臨床工学科と呼ばれることが多いが、同部門を中心に医療機器を中央（集中）管理する病院もあらわれ、ME（Medical Engineer）センターと称するところが見られるようになった。人工呼吸器等の医療機器は高額なものが多く、また数量的にも大量に導入されるものも少なくないが、管理が必ずしも十分でないとの指摘がある。このため、これらの機器に精通した臨床工学部門で導入時期、価格、修理時期等の情報をしっかりと管理することは病院経営上重要である。

（5）医療安全管理部門

　病院にとっての近年の最重要課題は、医療にあたっての安全をいかに確保するかである。医療が高度化、複雑化するなか、診療行為が細分化するに従い、多くの医療スタッフが介在することとなった。このようななかでは、医療スタッフ間で情報伝達を確実に行うとともに情報共有を緻密に行うことが求められる。情報伝達や情報共有をおろそかにすると患者に対し甚大な被害を与える有害事象（アクシデント）につながりかねない。こうしたアクシデントを未然に防止するため、多くの病院では、医療安全管理部門を設置している。医療安全管理部門は、病院内の各部門の医療安全活動状況を確認し、適切な助言を行うなど病院内の司令塔的役割を果たす。また、各部門の代表者で構成される「医療安全委員会」の事務局の機能も有し、医療安全管理部門のトップや医療安全委員会の委員長は副院長が務めることが多い。

(6) 地域医療連携部門・医療福祉相談部門

　地域医療連携部門は、適切な医療を効率的、効果的に提供するため、病院と診療所間、病院と病院間の連携に関する業務を担当している。現在、多くの病院で地域医療連携部門を設置しており、トップに医師を配置し、看護師、社会福祉士、事務職等多職種で構成されているケースが多い。
　具体的な業務は、おもに前方連携、後方連携であるが、医療福祉相談部門と組織的に一体化している病院も見られる。医療福祉相談部門は、患者やその家族に対して医療に関する問題に加え、経済的、社会的な問題への相談に対応する部門である。この部門には、看護師、社会福祉士、事務職等が配置されている。

(7) 事務部門

　事務部門は、病院内の事務的な業務全般を担う部門である。一口に事務的な業務といっても多岐にわたり、大きくは次の部門から構成される。まず、総務部門で、庶務、人事、企画調整等を主たる業務としている。次に、財務部門で、病院の予算・決算、出納等を担っている。そして、医事部門で、外来、入・退院、会計、診療報酬関係、法令に基づく届出等医療に関する事務全般を担当している。さらに、その他として物流管理、施設管理等の業務を担っている部門がある。実際にはこれらの業務について病院の実情に応じてさまざまな組み合わせを行い、多様な組織編成となっている。たとえば、総務課に営繕担当、医事課に財務担当が配置されるような事例も多い。
　診療部門をはじめほかの部門の職員が国家資格を取得している有資格者であるのに対し、事務部門の多くの職員は医療（あるいは経営）に関する資格を有していない。なお、事務部門の職員にとって代表的な資格の一つである「診療情報管理士」は、一般社団法人日本病院会が認定するもので国家資格ではない。
　事務部門は収益を生み出さない間接部門であるという認識のもと、人員

削減の対象とされることが多く、その代替措置として職員の非正規化、アウトソーシングが進められた。そのような中では、事務部門の職員の育成はほかの職種に比べ優先順位が低くなり、近年必要性が高まっている経営人材の育成が図られていないという指摘がある。とくに、自治体病院においては、事務部門の職員は3年程度のローテーションで異動するため、専門的な知識の蓄積が十分でない状況も見られる。

最近、一部の病院では、これまで事務部門の一つのセクションであった経営企画部門を事務部門から切り離し、独立した組織にする動きも見られる。

(8) 委員会

病院には通常の経営組織と比べ、多くの「委員会」などの組織が設置されている。これらの組織は、多くの職種と人員で構成され、病院を円滑に運営するうえで潤滑油的な存在となっている。図表2-1は雲南市立病院（島根県）の委員会の設置状況であるが、40以上の委員会などが設置されており、ほかの病院でも同様の状況である。このような委員会組織は機能あるいは性格の面からいくつかに分類できる。

法令等必置型

法令等必置型委員会は、法律や政令等の規定に基づき病院に設置が義務づけられたものである。代表的なものは、「安全衛生委員会」である。労働安全衛生法に基づき、一定の基準に該当する事業場では安全委員会、衛生委員会（または両委員会を統合した安全衛生委員会）を設置しなければならないこととなっている。そのほか、医療安全管理指針に基づく「医療安全管理委員会」、院内感染対策指針に基づく「感染防止対策委員会」などが設置されている。

図表 2-1　委員会等組織の例

```
○経営会議　○診療局会議　○看護会議　○管理職会議　○院内倫理委員会
(安全管理)
　○感染防止委員会　○医療安全管理委員会　○輸血療法委員会　○医療ガス管理委員会
　○褥瘡対策委員会
(経営管理)
　○薬事委員会　○クリニカルパス委員会　○病棟運営委員会　○診療報酬検討委員会
　○病院利用者からの意見等検討委員会　○建設工事等指名業者選定委員会
　○診療材料審議委員会　○医療器械器具購買委員会　○QC活動推進委員会
(人事管理)
　○労働安全衛生委員会　○職員交通安全推進協議会
　○医師看護師負担軽減処遇改善検討委員会　○ワーク・ライフ・バランス推進委員会
　○接遇委員会
(情報管理)
　○診療情報提供委員会　○診療録管理委員会　○広報委員会
(教育研修)
　○研修管理委員会　○生涯教育委員会
(業務管理)
　○中央手術室運営委員会　○診療群分類の適切なコーディングに関する委員会
　○検査技術料適正化委員会　○栄養管理委員会　○糖尿病対策委員会
　○緩和ケア療法委員会　○開放型病床運営委員会　○在宅医療連携推進委員会
　○電子カルテシステム運営委員会
(育成事業)
　○地域医療人育成センター
```

(出所)　雲南市立病院ホームページをもとに筆者作成。

連絡調整型

　連絡調整型委員会は、病院内の多くの部門に全体の方針を周知徹底させるとともに部門間の諸課題を調整するために設置されるものである。代表的なものは、病院内のすべての管理職で構成される「管理職会議」や診療科間の連絡調整のための「診療局会議」、看護部門における連絡調整を行うための「看護会議」などがある。

審議・審査型

　審議・審査型委員会は、院長からの特定の案件に関する諮問に対して審議し、答申・具申するために設置されるものである。代表的なものは「薬

事委員会」であり、同委員会では、院内における医薬品の管理・運営に関することや新規採用薬品、採用取り消し薬品に関することなどを審議する。ほかには「院内倫理委員会」「診療材料審議委員会」などもこの分類に該当する。

注

1 　看護職員に関する法制は 1915（大正 4）年に制定された「看護婦規則」が最初である。「看護婦」という呼称は 1948（昭和 23）年に制定された「保健婦助産婦看護婦法」でも引き継がれたが、2002（平成 14）年からは法律の題名が「保健師助産師看護師法」に改正され、男女を問わず「看護師」と称されるようになった。

第3章

病院の収益構造

1 病院の収益と費用

(1) 病院の損益計算書

　病院会計の基本となる「病院会計準則」では、損益計算書に収益および費用の構成要素として図表3-1の勘定科目を表示することを規定している。一方、自治体病院では、地方公営企業法と同施行規則が会計の基本的事項を定めており、損益計算書に表示する収益および費用の勘定科目は図表3-2のとおりである。

　病院会計準則と地方公営企業法を比べた場合基本的な考えは同じであるが、いくつかの点で異なるところがある。まず、利益概念のとらえ方である。病院会計準則が、医業利益、経常利益、税引前当期純利益、当期純利益の四つの考え方を採用しているのに対し、地方公営企業法では税引前当期純利益を除く3種である。これは地方公営企業である自治体病院には国税である法人税や地方税である法人住民税・法人事業税の納税義務がないことによるものである。

　次に、病院会計準則では本部費配賦額を医業費用として位置づけているが、地方公営企業法にはそのような概念はない。本部費配賦額とは、本部会計を設けた場合、医業利益を適正に算定するため、医業費用の性質に応じて適切な基準により本部費の配賦を行うものであり、その内容を附属明細表に記載しなければならないこととなっている。自治体病院の場合、本

庁組織が病院会計準則にいう「本部」に相当するが、本庁組織が病院とは独立した会計を有することを想定していないため、地方公営企業法において本部費配賦額を規定していないものと考えられる。

図表3-1　病院の収益と費用の構成

医業収益（A）	入院診療収益、室料差額収益、外来診療収益、保健予防活動収益、受託検査・施設利用収益、その他の医業収益、保険料等査定減
医業費用（B）	材料費、給与費、委託費、設備関係費、研究研修費、経費、控除対象外消費税等負担額、本部費配賦額

医業利益（または医業損失）（X）　X = A − B

医業外収益（C）	受取利息および配当金、有価証券売却益、運営費補助金収益、施設整備補助金収益、患者外給食収益 等
医業外費用（D）	支払利息、有価証券売却損、患者外給食材料費、診療費減免額、医業外貸倒損失、貸倒引当金医業外繰入額、その他の医業外費用

経常利益（または経常損失）（Y）　Y = X + C − D

臨時収益（E）	固定資産売却益、その他の臨時収益
臨時費用（F）	固定資産売却損、固定資産除却損、資産に係る控除対象外消費税等負担額、災害損失、その他の臨時費用

税引前当期純利益（または税引前当期純損失）（Z1）　Z1 = Y + E − F

法人税、住民税および事業税負担額（G）

当期純利益（または当期純損失）（Z2）　Z2 = Z1 − G

（出所）「病院会計準則」をもとに筆者作成。

図表 3-2　自治体病院における収益と費用の構成

医業収益（A）	入院収益、外来収益、その他の医業収益
医業費用（B）	給与費、材料費、研究研修費、経費、減価償却費、資産減耗費
医業損益金額（X）	X = A － B

医業外収益（C）	受取利息および配当金、他会計補助金、補助金、負担金交付金、患者外給食収益、長期前受金戻入、その他医業外収益
医業外費用（D）	支払利息および企業債取扱諸費、患者外給食材料費、雑損失
経常損益金額（Y）	Y = X + C － D

特別利益（E）	固定資産売却益、過年度損益修正益、その他の特別利益
特別損失（F）	固定資産売却損、減損損失、災害による損失、過年度損益修正損、その他特別損失
当年度純損益金額（Z）	Z = Y + E － F

（出所）「地方公営企業法施行規則」をもとに筆者作成。

2　病院の収益構造

(1) 損益計算書からみた収益構造

　全国の自治体病院の 2013（平成 25）年度決算における損益計算書を集計したものが、図表 3-3 である。全国の自治体病院 826（建設中の病院 13 を除く）の総収益は約 3 兆 9554 億 4000 万円であった。このうち、経常収益が 99.1％ を占め、さらに医業収益が 87.1％、医業外収益が 12.0％ となっている。医業収益では入院収益が 56.6％、外来収益 24.8％ と総収益の 81.4％ にのぼっている。また、医業外収益では他会計負担金と他会計補助

図表 3-3　自治体病院における収益構造 ［2013（平成25）年度］

(単位：百万円、％)

区　分				金額	構成比
1　総収益				3,955,440	100.0
	(1)　経常収益			3,919,761	99.1
		(ア)　医業収益		3,445,358	87.1
			ア　入院収益	2,238,981	56.6
			イ　外来収益	981,559	24.8
			ウ　その他医業収益	224,818	5.7
			（うち他会計負担金）	113,436	2.9
		(イ)　医業外収益		474,403	12.0
			（うち国庫補助金）	7,150	0.2
			（うち都道府県補助金）	12,627	0.3
			（うち他会計補助金）	111,697	2.8
			（うち他会計負担金）	270,721	6.8
	(2)　特別利益			35,680	0.9
		（うち他会計繰入金）		22,634	0.6
		（うち固定資産売却益）		6,208	0.2

(出所)　総務省自治財政局編「地方公営企業年鑑第61集」をもとに筆者作成。

金の合計額は9.6％となっている。すなわち、自治体病院では医業収益が9割近くを占めるものの、他会計からの繰入金（補助金、負担金）も1割程度となっている。

(2) 診療行為からみた収益構造

　診療報酬は診療行為の対価であり、診療報酬の体系はおおむね診療行為の体系を表しているものと考えられる。診療報酬の体系は、医科、歯科、薬価で構成されるが、医科に関しては図表3-4のとおりとなっている。
　一方、すでにみたように病院の医業収益の中で最も大きい割合を占めるものは、入院収益、次いで外来収益である。これらの収益は個々の診療行為の積み上げである。「地方公営企業年鑑」では全国の自治体病院の患者1人1日あたり診療収入を診療行為ごとに公表している。これによれば、

図表 3-4　診療報酬（医科）の構成

基本診療料	初診料
	再診料
	入院基本料
	特定入院料

特掲診療料	医学管理等
	在宅医療
	検査
	画像診断
	投薬
	注射
	リハビリテーション
	精神科専門療法
	処置
	手術
	麻酔
	放射線治療
	病理診断

（出所）「診療報酬点数表（医科）」をもとに筆者作成。

図表 3-5　患者1人1日あたりの診療収入

（入院）　　　　　　　　　　　　　　　　　　　　　　　　　　（単位：円、％）

区分	合計	投薬	注射	処置・手術	検査	放射線	入院料	入院時食事療養	その他
金額	43,499	629	1,601	10,619	982	517	23,553	1,560	4,039
構成比	100.0	1.4	3.7	24.4	2.3	1.2	54.1	3.6	9.3

（外来）　　　　　　　　　　　　　　　　　　　　　　　　　　（単位：円、％）

区分	合計	初診料	再診料	投薬	注射	処置・手術	検査	放射線	その他
金額	11,412	347	715	1,178	2,030	1,139	2,557	1,618	1,830
構成比	100.0	3.0	6.3	10.3	17.8	10.0	22.4	14.2	16.0

（出所）　総務省自治財政局編「地方公営企業年鑑第61集」をもとに筆者作成。

2013（平成25）年度決算では図表3-5に示すように入院収益4万3499円のうち「入院料」が2万3553円を占め、次いで「処置・手術」1万619円、「その他」4039円となっている。一方、外来収益1万1412円のうち「検査」が2557円と最も大きなシェアを占め、次いで「注射」「その他」「放射線」

となっている。

3 自治体病院の収益の特徴

(1) 独立採算の原則と経費負担の原則

　自治体病院は、地方公営企業法に基づき地方公営企業として運営されている。同法では自治体病院に企業としての経済性を最大限に発揮するとともに、公共の福祉を増進することを求めている。また、その経営に要する経費は経営にともなう収入をもって充てる「独立採算制の原則」が基本とされている。一方、地方公営企業法では、「経費負担の原則」を定め、その性質上当該地方公営企業の経営に伴う収入をもって充てることが適当でない経費（行政経費）や、当該地方公営企業の性質上能率的な経営を行なってもなおその経営に伴う収入のみをもって充てることが客観的に困難であると認められる経費（不採算経費）について、当該自治体の一般会計が負担することとなっている（同法第17条の2）。この原則を根拠として、2013（平成25）年度決算において当該自治体の一般会計等から約7164億9800万円が投じられている。

(2) 一般会計からの繰出金と地方財政制度

　地方財政計画は地方財政法に基づき、日本全国の地方自治体の財政活動の全体像を示すもので毎年、国が閣議決定することとなっている。主な役割としては、①国家財政・国民経済等の整合性を確保すること、②地方自治体が標準的な行政水準を確保できるよう地方財源を保障すること、③地方自治体の毎年度の財政運営の指針を示すことの3点をあげることができる。

　地方財政計画の対象は普通会計であり、病院事業会計等公営企業会計や収益事業会計は含まれないが、地方公営企業の経費のうち法令等に基づい

て一般会計から負担すべき経費については公営企業繰出金として地方財政計画に計上される。[1]

2014（平成26）年度の地方財政計画には83兆3607億円が計上され、そのうち病院事業関係は7263億円であり、その一部は普通交付税および特別交付税で財政措置されている。

注

1 「一般会計」とは、地方自治体の行政運営の基本的な経費を網羅した会計であり、これに対し、「特別会計」は特定の事業を行い、あるいは特定の歳入を特定の歳出に充てるため、経理を独立して設けられるものである。公営企業である病院事業会計は特別会計にあたる。一方、「普通会計」は、一般会計と特別会計のうち公営事業会計以外の会計を統合して一つの会計としてまとめたものである。

第4章

病院の費用構造

1 病院の費用構造

　本章では、病院の費用について、収益と同様自治体病院を例に各勘定科目の総費用額に占める割合を把握し、その構造を明らかにする。図表4-1は全国の自治体病院の2013（平成25）年度決算における費用の状況である。全国の自治体病院826（建設中の病院13を除く）の総費用約3兆9983億6300万円のうち、経常費用が約3兆9445億8100万円と98.7％を占めており、経常費用の内訳は医業費用が約3兆7476億8100万円（93.7％）、医業外費用が1969億円（4.9％）となっている。医業費用では職員給与費が45.9％、材料費が20.3％、経費が20.4％と3費目で総費用の86.6％にのぼっている。このため、効率的な病院経営を進めるにあたっては、とくに職員給与費、材料費、経費の3費目について詳細な分析を行い、実効性のある改善方策を検討することが求められる。

　2013（平成25）年度の自治体病院の決算について、医業収益に対する医業費用の比率を病院の規模別に整理したものが、図表4-2である。医業費用の対医業収益比率は、いずれの病院群とも100を超えており、その比率は病院規模が小さいほど高くなっている。個別に見ていくと職員給与費および経費について、病院規模が小さいと対医業収益比率は高くなっていることがわかる。材料費については、病院規模が大きい病院群は対医業収益比率が高くなっている。

図表 4-1　自治体病院における費用構造 ［2013（平成 25）年度］

(単位：百万円、％)

区分					金額	割合
総費用					3,998,363	100.0
	(1) 経常費用				3,944,581	98.7
		(ア) 医業費用			3,747,681	93.7
			ア 職員給与費		1,833,302	45.9
			イ 材料費		812,027	20.3
				薬品費	415,757	10.4
				給食材料費	17,308	0.4
			ウ 経費		813,807	20.4
				光熱水費	69,816	1.7
				委託料	357,372	8.9
			エ 減価償却費		256,925	6.4
			オ 資産減耗費		16,069	0.4
			カ 研究研修費		15,551	0.4
		(イ) 医業外費用			196,900	4.9
			ア 支払利息		73,181	1.8
			イ 雑損失		100,693	2.5
	(2) 特別損失				53,782	1.3

(出所) 総務省自治財政局編「地方公営企業年鑑第 61 集」をもとに筆者作成。

図表 4-2　自治体病院の費用の医業収益に対する比率 ［2013（平成 25）年度］

(単位：百万円、％)

項目＼規模					500 床以上		200 床以上 300 床未満		50 床以上 100 床未満	
					金額	割合	金額	割合	金額	割合
総費用					1,508,050	110.6	376,662	119.5	176,234	130.8
	(1) 経常費用				1,489,618	109.3	372,927	118.3	174,516	129.6
		(ア) 医業費用			1,421,190	104.3	352,316	111.7	164,422	122.1
			ア 職員給与費		659,603	48.4	177,608	56.3	85,447	63.4
			イ 材料費		360,281	26.4	66,412	21.1	25,724	19.1
				薬品費	183,146	13.4	34,317	10.9	17,004	12.6
				給食材料費	5,083	0.4	1,382	0.4	1,070	0.8
			ウ 経費		288,395	21.2	82,241	26.1	41,297	30.7
				光熱水費	26,743	2.0	6,737	2.1	3,088	2.3
				委託料	144,471	10.6	31,347	9.9	14,792	11.0
			エ 減価償却費		100,955	7.4	22,443	7.1	11,187	8.3
			オ 資産減耗費		4,521	0.3	2,471	0.8	340	0.3
			カ 研究研修費		7,434	0.5	1,141	0.4	428	0.3
		(イ) 医業外費用			68,428	5.0	20,610	6.5	10,093	7.5
			ア 支払利息		24,518	1.8	6,103	1.9	3,473	2.6
			イ 雑損失		35,598	2.6	12,028	3.8	5,588	4.1
	(2) 特別損失				18,432	1.4	3,735	1.2	1,719	1.3

(出所) 総務省自治財政局編「地方公営企業年鑑第 61 集」をもとに筆者作成。

2 費用構造と損益分岐点

(1) 損益分岐点

　損益分岐点とは、損失が生じるか、利益が発生するかの分岐となる売上高あるいは販売数量といわれている。すなわち、収益と費用が等しくなる売上高（販売数量）のことである。実際の売上高がこの数字を上回れば、黒字となり、これを下回れば赤字ということになる。

　損益分岐点を算定するうえで基本となるのが、費用を「固定費」と「変動費」に区分することである。この考え方を病院について適用して説明する。固定費は患者数にかかわらず恒常的に発生する費用をいい、変動費は患者数の増減によりその額が変動する費用のことであり、例示すれば図表4-3に示すとおりとなる。損益分岐点における医業収益は、次の計算式で求めることができる。

$$損益分岐点 = \frac{固定費}{1 - \frac{変動費}{医業収益}}$$

図表4-3　病院会計における固定費および変動費の例

固定費	給与費	毎月定額で支払われる給料・手当等　法定福利費、退職給与金
	経費	福利厚生費、旅費交通費、職員被服費、印刷製本費、賃借料、通信運搬費、光熱水費、消耗品費、修繕費、委託料のうち清掃委託費、警備委託費等
	減価償却費	
	資産減耗費	
	研究研修費	
変動費	給与費	患者に対応したごとに支給される手当（手術手当等）、時間外勤務務手当
	材料費	薬品費、診療材料費、給食材料費、医療用消耗備品費
	経費	委託料のうち検査委託料等

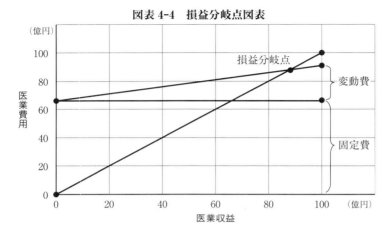

図表 4-4　損益分岐点図表

　たとえば、A 病院が、医業収益：100 億円、固定費：66 億円、変動費 25 億円であったとき、損益分岐点は先の計算式から 88 億円となる。つまり、A 病院では 88 億円以上の医業収益がなければ、損失が生じ、赤字になるということである。損益分岐点や固定費、変動費等の関係をグラフに表すことができ、このグラフを損益分岐点図表と呼んでいる。A 病院の事例を損益分岐点図表にすると図表 4-4 のとおりとなる。

(2) 損益分岐点と費用改善

　図表 4-4 では収益が損益分岐点よりも左側にあるときは損失が発生し、右側にあるときは利益が生じることになる。また、変動費が小さくなれば、損益分岐点が下がることがわかる。損益分岐点分析から病院の費用改善について考察する。

変動費率の圧縮
　変動費の大部分を占めるのは材料費である。材料費のうち、90％以上は薬品費および診療材料費で占められており、この二大費目について対策を講じる必要がある。
　薬品費については、診療報酬において薬価のマイナス改定が連続してお

り、価格交渉の余地は大きくはないが、常に情報収集を怠らずに適正な価格で購入することが肝要である。また、後発医薬品の使用率を高めることも、薬品費の削減には効果があるが、薬剤部門や事務部門の努力では限界があり、診療部門をはじめ病院組織をあげて取り組むことが求められる。

診療材料費については、共同購入によりできるだけ安価に調達しようとする病院もあり、このような例も参考としつつ、競争性を高める努力が必要である。

変動費には材料費ばかりではなく、給与費の一部も該当する。手術手当などは収益に直接反映されるが、時間外勤務手当はすべてが収益に直結するとはいえず、適切なマネジメントが必要である。

なお、変動費は、患者が増え収益が上がれば増加する性質のものである。したがって、変動費そのものは削減することは困難な場面も発生するが、変動費の対医業収益比率を常に注視する必要がある。

固定費の削減

例で示したように、病院の場合その費用の大部分は給与費等の固定費である。固定費比率が高い病院では、固定費の削減は一定の効果を発揮する。すなわち、どこかに無駄がないかという視点で費用を総点検することにより削減が可能となる。一方、病院事業は労働集約型の事業であり、マンパワーに依拠するところが大きい。医療法や診療報酬の施設基準で医師や看護師、薬剤師等医療技術者の配置に関する基準が定められている。また、いたずらな人員削減や給与費の削減はスタッフのモチベーションの低下につながりかねない。むしろ適切な人材を確保することにより医療の質が高まり、診療報酬上の評価につながるケースも少なくない。必要なことは新たに人員増を行うにあたって、それが医療の質や経営改善にどれだけつながるかを十分に検討し、実施後はしっかりとした検証を行うことである。

また、経費のうち委託料の中でも清掃業務、警備業務や医事業務等は入札で契約の相手方が決まることが多く、一定の競争性は確保されている。一方、医療機器の保守点検については高額な契約額になるにもかかわら

ず、競争性は必ずしも高くない。このため、医療技術部門と事務部門とが連携して保守点検料の圧縮に取り組んでいる病院も少なくない。

第5章

病院の経営指標と経営分析

1 病院の経営指標

　健全で安定した病院経営を継続していくためには、さまざまな課題に適切に対応するとともに、中・長期的な展望に立った経営戦略を樹立することが必要である。その前提となるのが、当該病院の経営状況を機能や規模などに応じて係数的に把握することのできる「経営指標」の活用である。「経営指標」とは、経営状況を把握するための項目であり、通常は財務諸表における数値や比率が用いられる。

2 病院経営管理指標（厚生労働省）

　病院の経営指標で最も代表的なものは、厚生労働省が毎年度公表する「病院経営管理指標」である。これは、収益性、安全性、機能性の三つの視点から図表5-1に掲げる47の指標を示している。なお、この指標のデータは、医療法人の開設する病院、医療法第31条に規定する者の開設する病院および社会保険関係団体の開設する病院全数を対象としたアンケート調査により入手されている。

図表 5-1　病院経営管理指標

視点	主な指標
収益性 （23項目）	医業利益率、総資本医業利益率、経常利益率、償却前医業利益率、病床利用率、固定費比率、材料費比率、医薬品費比率、人件費比率、委託費比率、設備関係費比率、減価償却比率、経費比率、金利負担率、総資本回転率、固定資産回転率、常勤（非常勤）医師人件費比率、常勤（非常勤）看護師人件費比率、常勤（非常勤）その他職員人件費比率、常勤医師1人あたり人件費、常勤看護師1人あたり人件費、職員1人あたり人件費、職員1人あたり医業収益
安全性 （7項目）	自己資本率、固定長期適合率、借入金比率、償還期間、流動比率、1床あたり固定資産額、償却金利前経常利益率
機能性 （17項目）	平均在院日数、外来／入院比、1床あたり1日平均入院患者数、1床あたり1日平均外来患者数、患者1人1日あたりの入院収益、患者1人1日あたり入院収益（室料差額除く）、外来患者1人1日あたり外来収益、医師1人あたり入院患者数、医師1人あたり外来患者数、看護師1人あたり入院患者数、看護師1人あたり外来患者数、職員1人あたり入院患者数、職員1人あたり外来患者数、救急車受入率、ケアカンファレンス実施率、紹介率、逆紹介率

（出所）「厚生労働省医政局委託－医療施設経営安定化推進事業──平成23年度 病院経営管理指標」（委託先　株式会社 明治安田生活福祉研究所）をもとに筆者作成。

3　自治体病院の経営指標

(1) 新公立病院改革ガイドライン

　自治体病院の経営指標については、総務省が2015（平成27）年3月に策定した「新公立病院改革ガイドライン」（新ガイドライン）に示されている。この中で新公立病院改革プランに定めるべき数値目標として図表5-2に掲げる項目が例示されている。2007（平成19）年12月に策定された「公立病院改革ガイドライン」では、経常収支比率、職員給与費対医業収益比率および病床利用率については必ず数値目標を設定することとされていた。しかし、新ガイドラインにおいては経常収支比率と医業収支比率は必須項目とされたが、職員給与費対医業収益比率および病床利用率については、「経営改善の手段の一つであり、個々の病院にとっては必ずしもこの目標が相応しいとは限らない[1]」とされた。

第5章 病院の経営指標と経営分析　129

図表 5-2　新公立病院改革プランで設定すべき数値目標の例

区　　分	新公立病院改革プランで設定すべき数値目標の例
収支改善にかかるもの	経常収支比率、医業収支比率、修正医業収支比率、不良債務比率、資金不足比率、累積欠損金比率等
経費削減にかかるもの	材料費・薬品費・委託費・職員給与費・減価償却費等の対医業収益比率、医薬材料費の一括購入による○％削減、100床あたり職員数、後発医薬品の使用割合等
収入確保にかかるもの	1日あたり入院・外来患者数、入院・外来患者1人1日あたり診療収入、医師（看護師）1人あたり入院・外来診療収入、病床利用率、平均在院日数、DPC機能評価係数等診療報酬に関する指標等
経営の安定性にかかるもの	医師数、純資産の額、現金保有残高、企業債残高等

（出所）　総務省「新公立病院改革ガイドライン」をもとに筆者作成。

(2) 主な経営指標

図表 5-2 で示した自治体病院の経営指標のうち、重要で比較的よく利用される指標について解説する。

経常収支比率

経常収支比率は、通常の病院活動による収益状況を示す指標であり、この比率が100％超であれば単年度黒字、100％未満の場合は単年度赤字を意味する。経常収支比率は、民間病院の場合 103.5％、自治体病院以外の公的病院で 100.0％、自治体病院全体で 99.8％ となっている[2]。

なお、総収支比率（＝総収益／総費用×100）という指標もあるが、自治体病院では経常収支比率の方がよく活用されている。

$$経常収支比率 = \frac{医業収益 + 医業外収益}{医業費用 + 医業外費用} \times 100$$

医業収支比率

医業収支比率は、病院の本業である医業活動に要した医業費用に対する医業収益の割合を示す指標である。医業収益が医業費用をどの程度賄っ

ているかを知ることができる。この比率が100％を超せば医業利益が発生し、100％未満であれば医業損失が生じていることになり、医業活動における収益性が判断できる。医業収支比率は、民間病院の場合103.3％、自治体病院以外の公的病院で100.0％である。一方、自治体病院の場合全体で93.8％、黒字病院でも98.2％となっており、医業収益だけでは医業費用を賄えきれていない状況が浮かびあがる。

$$医業収支比率 = \frac{医業収益}{医業費用} \times 100$$

職員給与費比率

職員給与費比率は、医業収益に対する職員給与費の比率である。病院はマンパワーによる労働集約型産業であり、費用のうちで給与費が最も大きなシェアを占めることから、職員給与費比率が適正なものとなるよう常に注視し、分析する必要がある。職員給与費比率は、民間病院の場合53.5％、自治体病院以外の公的病院で51.6％である。一方、自治体病院の場合全体で51.9％、黒字病院で48.8％となっている。自治体病院の場合、民間病院等と比較して職員給与費比率が低くなっているが、これは自治体病院では医事業務等を民間事業者に大幅に委託することが多いことによるものと考えられる。

$$職員給与費比率 = \frac{職員給与費}{医業収益} \times 100$$

材料費比率

材料費比率は、医業収益に対する材料費の比率である。材料費は薬品費、診療材料費、給食材料費などで構成され、いずれも一般に患者数が増えればその費用が増える変動費である。材料費比率が低いからといって経常収支比率や医業収支比率が高いとは必ずしも限らず、病院の規模、機能等によって変化するものと思われる。材料費比率は、民間病院の場合

22.2％、自治体病院以外の公的病院で27.0％である。一方、自治体病院の場合全体で23.6％、黒字病院で24.4％となっている。

$$材料費比率 = \frac{材料費}{医業収益} \times 100$$

減価償却費比率

減価償却費比率は、医業収益に対する減価償却費の比率である。減価償却費の多くは建物、医療機器などにかかるものであるから、投資した固定資産がどれだけの収益を生み出したかの指標となる。減価償却費比率は、民間病院の場合4.5％、自治体病院以外の公的病院で6.0％である。一方、自治体病院の場合全体で7.3％、黒字病院で6.7％となっている。

$$減価償却費比率 = \frac{減価償却費}{医業収益} \times 100$$

委託費比率

委託費比率は、医業収益に対する委託費の比率である。委託費は、病院の清掃や警備等の業務を外部の業者に委託した場合の業者に支払った費用であり、どの程度外部委託しているかの指標となる。委託費比率は、民間病院の場合6.4％、自治体病院以外の公的病院で6.3％である。一方、自治体病院の場合全体で9.8％、黒字病院で9.4％となっている。

$$委託費比率 = \frac{委託費}{医業収益} \times 100$$

病床利用率

病床利用率は、病院の施設である病床がどれだけ有効に利用されているかを示す指標である。病床利用率の向上は入院患者数の増加を意味し、収益の向上に直接つながる。病床利用率の増減にかかわらず、固定費（給与

費等）は発生しているので、その低下は、固定費に見合う収益が確保できないこととなり、病院経営に大きな影響をもたらす。

$$病床利用率 = \frac{年間延入院患者数}{年間延病床数} \times 100$$

平均在院日数

平均在院日数は、1人の入院患者が入院してから退院するまでの在院日数を病院全体で推定したものである。急性期疾患をおもに取り扱う急性期病院と慢性期疾患をおもに取り扱う慢性期病院では傾向に差が生じることに留意する必要がある。平均在院日数は、民間病院では18.30日、自治体病院を除く公的病院では14.56日、自治体病院は15.29日となっている。

$$平均在院日数 = \frac{年（月）間在院患者延数}{（年（月）間新入院患者数＋年（月）間退院患者数）／2}$$

（3）経営指標と地方自治体の財政健全化

地方自治体では、病院事業等公営企業会計は特別会計であり、一般会計とは独立した会計となっている。一方、2007（平成19）年に制定された「地方公共団体の財政の健全化に関する法律」では、健全化判断比率として「実質赤字比率」「連結実質赤字比率」「実質公債費比率」および「将来負担比率」の四つの指標が定められている。この中の「連結実質赤字比率」は同法で新しく設けられた考えで公営企業会計を含むすべての会計を連結して自治体の赤字を把握しようするものである。

また、同法では地方公営企業について経営健全化の指標として「資金不足比率」が設けられている。地方自治体の長は、毎年度決算の提出を受けた後、資金不足比率等を監査委員の審査に付し、当該比率を議会に報告しなければならないこととなっている。そして、資金不足比率が経営健全化基準以上（20％）となった場合には経営健全化計画を定めることとなる。

資金不足比率は、事業の規模（自治体病院にあっては医業収益）に対する資金の不足額であり、計算式は以下のとおりである。

$$資金不足比率 = \frac{資金不足額}{事業の規模}$$

「資金不足額」は、地方公営企業法が適用される自治体病院にあっては次の算定方法となる。

$$資金不足額 = （流動負債＋建設改良費等以外の経費の財源に充てるために起こした地方債の現在高－流動資産）－解消可能資金不足額$$

　なお、2014（平成26）年度決算において、病院事業を行う地方自治体で資金不足比率が経営健全化基準以上であった自治体は、美唄市（北海道）と川西市（兵庫県）であった。

注

1　大沢博「『新公立病院改革ガイドライン』について」『月刊公営企業5月号』（一財）地方財務協会、2015年5月、36頁。
2　経営指標に係る民間病院等のデータの出所は、「新公立病院改革ガイドライン」の附属資料であり、2013（平成25）年度の実績である。なお、「平均在院日数」の出所は、一般社団法人全国公私病院連盟および一般社団法人日本病院会「平成26年病院運営実態分析調査の概要」（2014年6月調査）であり、2014（平成26）年の実績である。

第6章

病院経営と未収金

1 病院経営と未収金

(1) 未収金とは

　診療報酬における患者負担分は、入院費、外来診療費のいずれも病院の窓口で現金で支払うことが基本であるため、通常未収金は発生しない。しかし、患者がクレジットカードによる支払いを選択した場合や、その場で全額支払うことができない場合には、患者負担分についても未収金が発生することがある。このような場合、患者の経済状況によっては、回収が遅延し、あるいは回収不能となることがある。

　近年、未収金が累増し病院経営における重要な課題の一つに浮上している。この場合の未収金とは、貸借対照表上の「未収金」のうち個人が債務者となっているものである。いわば、患者の自己負担額の未収金である。当該年度に発生した未収金を「現年度分」、それ以前の年度に発生した分を「過年度分」と区分するが、貸借対照表上は明らかではない。貸借対照表上の「未収金」は患者の自己負担分以外に、社会保険報酬支払基金支払分、国民健康保険連合会支払分、労働災害・公務災害関係分などがある。

(2) 未収金の実態

全国的な動向

　厚生労働省は、2007（平成19）年に「医療機関の未収金問題に関する検討会」を設置した。この検討会は、「医療機関のかかえる未収金問題について、関係者間で法律的位置づけについて整理したうえで、未収金問題の解決に向けた方策を検討する」ことを目的に設けられたものである。同検討会における議論の中で、四病院団体協議会（全日本病院協会、日本医療法人協会、日本精神科病院協会、日本病院会）が実施した未収金に関する調査結果が紹介され、全国の病院の未収金の実態が明らかになった。これによれば、調査に回答した病院の未収金の合計額は約425億9200万円、1病院あたり1620万円となっており、これを傘下の5570病院に引き直すと853億3700万円になると同協議会は推定している。その後も患者総数が増加していることから未収金の圧縮は依然として病院経営上の大きな課題となっている。

自治体病院の状況

　自治体病院の未収金に関する全国的なデータは見当たらないが、地方自治体の包括外部監査において当該自治体の病院の未収金の実態が明らかになっている。包括外部監査報告書からいくつかの自治体病院の状況を紹介する。

　東日本のA病院は病床数500超、医業収益約100億円の大病院であるが、2008（平成20）年度から2010（平成22）年度の過年度未収金は約7600万円から8800万円で推移しており、最も高額の未納者は500万円を超え、不納欠損処理額が約600万円から1100万円にのぼっている。

　同じく東日本のB病院も、病床数500超、医業収益約100億円の大病院であるが、2009（平成21）年度から2011（平成23）年度の過年度未収金は約1億7300万円から1億9900万円で推移しており、A病院の倍近い金額となっている。また、同病院では未請求保留分が毎年約7300万円から1億3400万円発生していることも明らかになっている。

2　未収金を巡るいくつかの論点

(1) 保険診療と未収金

　現行の健康保険制度のもとでは、患者は一部負担金を病院に支払わなければならないこととなっている。一方、健康保険法や国民健康保険法には、病院が善良な管理者と同一の注意をもってその支払を受けることに努めたにもかかわらず、患者が一部負担金を支払わないときは、市町村や健康保険組合等の保険者は病院の請求に基づき、病院に支払わなければならないことが規定されている（健康保険法第 74 条、国民健康保険法第 42 条）。病院の未収金問題に関し四病院団体協議会は、健康保険法や国民健康保険法の規定により、最終負担者は保険者であるから、病院ではなく保険者自らが回収すべきであると主張した。これに対し、厚生労働省は、「窓口払いにおける関係が保険医療機関等と被保険者との間の債権債務関係ということは現行法制上明確であり、保険者が未払い一部負担金を立替え払いする必要はない」との解釈を示し、四病院団体協議会の主張を退けた。

(2) 医師の応召義務と未収金

　医師法では「診療に従事する医師は、診察治療の求があつた場合には、正当な理由がなければ、これを拒んではならない」とされている（同法第 19 条）。この規定における「正当な理由」について、1949（昭和 24）年の厚生省医務局長通知では「医業報酬が不払であっても直ちにこれを理由として診療を拒むことはできない」としている。これに対し、病院と患者の間は「双務契約」であり、この契約の対価義務を患者が一方的に反故にしたことから当該契約は成立しなくなるので、当初から支払う意思のない悪質者が来院した場合は、診療を拒否するなどの対抗措置を執るべきであるとの意見を京都私立病院協会は提起した。また、現行の応召義務が医師法に盛り込まれた 1948（昭和 23）年当時と異なり、国民皆保険が達成され、

医療提供体制が整備されたなかで悪質な未払い患者に対する応召義務の解釈についても見直すべきてはないかという指摘がある。[1]

3 未収金発生の原因

(1) 生活困窮

「生活困窮」とは、失業や営業不振などにより無収入、あるいは低所得となり、患者が診療費を支払うことができないケースである。このような場合、国民健康保険料（税）を納付できず「無保険」状態になっていることも少なくない。「無保険」であれば診療費は患者の全額負担になるため、未収金の額が膨らむことになる。生活保護受給者の医療費は全額公費負担であるが、受給を申請して認められなければ、自己負担となる。また、生活保護受給以前の医療費についても自己負担になるので、低所得のため窓口で納めることができず、その後生活保護を申請して受給者になったとしても、患者負担分について納入義務は残ったままであり、未収金として滞納になりやすい。

(2) 連絡不能

「連絡不能」とは、未収金が発生したため電話等で連絡を行おうとしても、電話料金未納で不通になっており、連絡がつかないなどのケースである。また、このようなケースは住所移転の手続きを郵便局で行わないため、連絡文書等が返戻となることもある。新しい住所地を探そうと思っても、住民票を異動していないため手掛かりがなく居所不明のままとなってしまう場合も少なくない。

(3) 支払拒否

「支払拒否」とは、病院や医師に対して不満を抱いて支払わないなどのケースである。この場合、患者本人が経済的に十分支払可能なのか、あるいは生活困窮に近い状態であるのかを十分に見極める必要がある。

(4) 悪質滞納

「悪質滞納」とは、窓口等での支払いをしないまま帰宅し、その後も平然と受診を続けているなどのケースである。(3)の「支払拒否」と重なる部分があるなどいろいろなケースが想定されるが、支払能力の有無に関係なく支払う意思が希薄なケースが多い。

(5) その他

上記以外にも、自殺をこころみて搬送された患者が病院で死亡したが、遺族が診療費の支払を拒否して滞納になる例、患者が交通事故(無保険で5割加算)の被害者で加害者が不明のため結果的に未収となる例などさまざまな事案が発生している。

4 未収金対策

(1) 組織体制の確立

未収金回収対策について、まず院内における組織体制を確立することが重要である。一般的には事務部門の医事課が中心となって未収金の回収業務にあたることとなる。実務的には、患者の未収状況を管理する会計担当職員(委託している病院が多い)と、電話催告や訪問催告を担当する職員(非常勤職員である場合が多い)との密接な連携が求められる。また、未

収金の発生から消滅までの一連の業務フローにおいて多くの部門、多くの職員が関与することから、現行の回収体制が実際に機能しているかについて検証を行い、実効性のある組織体制を確立する必要がある。この場合、院内の医療スタッフ、特に医療連携部門の医療ソーシャルワーカーの役割を適切に位置づけることが重要である。併せて、病院の担当者は未納者と院内での面談、電話、臨宅等で接触することが多い。そうした接触の機会があるごとに丁寧な記録を怠らないことが重要である。未納者ごとの個別記録がなければ、適切な対応方針が樹立できないからである。

(2) 未収金対策マニュアルの整備

未収金回収の業務フローが確立されておらず、担当者が変われば事務のやり方が変わる病院も少なくない。また、担当者個人にまかせるのではなく、組織的な対応も必要である。このため、病院においては、関係者が未収金対策について共通した認識を持つため、発生未然防止対策と発生後の回収対策からなる「未収金対策マニュアル」を整備する必要がある。マニュアルの整備にあたって、未収金の発生を未然に防止するため、入院前、入院中、退院時とそれぞれの段階ごとの対策を示すとともに、発生後の回収を確実なものとするため、電話による督促、文書催告、訪問催告、債権回収委託等未納者の状況に応じた対応を明確にすることが重要である。

注

1　厚生労働省が設置した前出の「医療機関の未収金問題に関する検討会」において応召義務の解釈について議論が交わされた。

第7章

病院の経営破綻

1 病院の経営破綻

(1) 経営破綻とは

　経営破綻とは、倒産と同義であり、企業等の法人や個人等が経済的に行き詰まり、弁済期にあるにもかかわらず、債務を弁済できず、経済活動を継続することが不可能になることである。

　病院の経営破綻について、民間の調査機関である帝国データバンクは、「医療機関・老人福祉事業者の倒産動向調査」として2015（平成27）年1月に発表した。これによれば、2014（平成26）年に倒産した医療機関は29件でその内訳は病院5件、診療所9件、歯科医院15件となっており、前年に比べ7件減少したものの、負債総額は184億8500万円で前年に比べ60億300万円増加した。2000（平成12）年から2014（平成26）年の15年間の動向は図表7-1のとおりであり、累計倒産件数は、病院が113件、診療所が226件、歯科医院が163件となっている。

　同社では「「企業再生支援機構」の相次ぐ病院経営事業者の支援決定や「中小企業金融円滑化法」の実質的な継続取り組みが行われていることで、病院、診療所の倒産は低水準に推移していると考えられる」と分析している。すなわち、病院を取り巻く環境は、依然として厳しいものの、各種の制度による支援でここ数年の倒産件数はピーク時を下回っているということであろう。実際に2013（平成25）年と2014（平成26）年に地域経済活

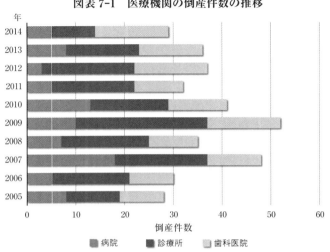

図表 7-1 医療機関の倒産件数の推移

（出所）帝国データバンク「医療機関・老人福祉事業者の倒産動向調査」をもとに筆者作成。

性化支援機構は神奈川県内と京都府内の病院を支援決定した。また、2014（平成26）年に千葉県内の病院が66億円の負債を抱えて民事再生法の適用を申請するなど病院の厳しい経営状況が顕在化している。

2　自治体病院の破綻

(1) 夕張市（北海道）

経緯

夕張市は 1982（昭和 57）年に当時の夕張炭鉱病院を買収し、市立総合病院を開設した。その後病院事業は継続されていたが、2006（平成 18）年 6 月に夕張市長は地方財政再建促進特別措置法に基づく財政再建団体となる旨の申請を総務大臣に対し行う意向を表明した。

同年 9 月に北海道庁は 6 月以降の市からの聞き取りを踏まえ「夕張市の財政運営に関する調査」の結果を公表した。このなかで、夕張市の短期借

入金残高は275.9億円、長期借入金残高は205.6億円であること、2005（平成17）年度決算ベースでの収支不足の総額は257.3億円であることが判明した。とくに、病院事業について、約29億円の不良債務に加え、一般会計からの借入金が約10億円あり、実質的に約39億円の資金不足があることが指摘された。

2007（平成19）年3月に総務大臣は夕張市の財政再建計画に同意し、同市は財政再建団体となったが、同計画において重点事項として「病院事業の見直し」が盛り込まれた。具体的には「市立総合病院は老人保健施設を併設する有床の診療所に再編し、併せて指定管理者制度を導入し公設民営化により運営する」とされた。これを受け、同年4月に170の病床を有する市立総合病院は廃止され、新たに病床数19の市立夕張診療所（夕張医療センター）に再編された。そして、この診療所は指定管理者である「医療法人財団夕張希望の杜」が運営することとなった。

病院破綻の背景

旧夕張市立総合病院が夕張市の財政破綻の一因であったことは、一般会計の実質赤字額が40.6億円に対し病院事業の実質赤字額が39.4億円であること、夕張市全体の実質赤字額の15.3％を占めていることなどから否定できないことである。それでは、市立総合病院の経営実態はどのようなものであったのだろうか？

2006（平成18）年9月の北海道庁による「夕張市の財政運営に関する調査」では、次の3点を指摘している。まず、患者数の減少である。1996（平成8）年度の患者数が約16万8000人だったものが、2005（平成17）年度には約10万人と10年間で4割の減少である。このおもな原因は、医師が不足したため診療を制限したことにある。次いで、病床利用率の低下である。1996（平成8）年度の病床利用率が66.1％であったのに対し、2005（平成17）年度は41.5％と10年間で24.6ポイントの減少である。そして、医師を除く一部の医療職職員の給与水準が高いことである。

また、北海道庁および夕張市から依頼された2名のアドバイザー（長隆氏および伊関友伸氏）による「夕張市立総合病院への経営診断」［2006

（平成18）年9月］では、同病院の経営状況をより深く掘り下げ、多くの問題点を指摘している。まず、病院職員の経営意識の希薄さと夕張市役所の地方公営企業を経営する自治体として責任を果たしてこなかったことである。同病院はその甘い経営体質を金融機関からの一時借り入れで対応してきたが、一時借り入れが10億円を超えた1992（平成4）年に経営の抜本的な見直しを行うべきであったにもかかわらず、夕張市役所は放漫な病院経営を放置してきた。併せて、本来地方公営企業法の趣旨から一般会計から繰り入れるべき金額を病院事業会計に繰り入れてこなかった。次に、医師の待遇の低さが医師の退職につながっていることである。2003（平成15）年度に8名の医師が在籍していたが、2006（平成18）年度に5名に減少し、医師の給与水準は北海道内の病院に比べ年間300万円低い。そして、看護師不足により病棟において今までどおり入院患者を受け入れることができない状態が発生する一方、准看護師、医療技術者、事務職員の給与は全国平均に比べて高い。さらに、医師の技術が低い→患者が病院を信用しない→市外や市内の診療所に患者が流れる→収益が一層低下する→給与等の医師への待遇が悪くなる→医師が辞める→技術の低い医師しか集まらないという悪循環が生まれたのである。そして、病院組織の問題点として、職員アンケートにおいて次のような指摘があったことを明らかにしている。まず、同病院は組織として機能しておらず、病院としての方向性がなく、病院長等幹部職員について経営感覚とリーダーシップが不足するとともに、現場の意見がトップに伝わらず、病院の運営に反映されない。また、医師不足のうえ、技術レベルが低い医師が多く、現在いる医師が職員に対して独善的な態度を取ることも多い。職員について、病院の経営危機に対する危機感やコスト感覚の欠如、職員間のコミュニケーションの不足、問題の先送り体質等がある。職場風土として、勤務年数の長い人が強く、自由に物を言えない雰囲気があるとともに、現場の風通しが悪いため、若い職員がすぐ辞める。さらに、診療報酬請求漏れが多く、医療費の未払い患者をそのままにしている。

　最後に、アドバイザーの基本的な考え方として、17の事項を提示しているが、ここでは病院組織にかかわる事項を紹介する。まず、医療を継続

するため、病院自体が自立して経営できる体制をつくらなければならない。過去市議会議員や監査委員が抜本的な改革の必要性を訴えてきたが、市当局は問題を先送りしてきた。病院スタッフは、経営が悪ければつぶれるという危機意識が足らず、「親方夕張市」の意識をもつ夕張市職員が病院を運営することは困難である。このため、指定管理者制度を導入し、運営は民間が行う「公設民営」方式で病院を運営すべきであるという意見が示されている。

(2) 銚子市（千葉県）

経緯

　1951（昭和26）年に開設された銚子市立総合病院は、2007（平成19）年10月厳しい経営状態を打開するために経営健全化計画を策定するとともに、コンサルタントによる調査を開始した。その後、2008（平成20）年5月および7月の千葉県知事と銚子市長による2回の会談を経て同病院の運営休止が決定された。同病院は2008（平成20）年9月から2010（平成22）年4月まで診療が休止されるが、その間再開へ向けて模索されることとなる。まず、有識者で構成される「銚子市病院事業あり方検討委員会」が設置され、2008（平成20）年11月に「一般病床100床から150床程度を目安」とし、「銚子市の意向を反映できる経営形態としては指定管理者による公設民営が妥当である」との報告書をまとめた。そして、同年12月から翌2009（平成21）年1月にかけて指定管理者を募集するが、応募者がなく、再募集となる。再募集の結果、1者の応募があったものの、銚子市立病院指定管理者選定委員会は、同年6月応募した事業者が指定管理者となることは「適切でない」という結論を出した。一方、同年5月に就任した新市長のもと銚子市は翌年4月の市立病院暫定再開へ向けて「銚子市立病院再生準備機構」と委任契約を締結した。2010（平成22）年3月、同準備機構は公設民営方式の採用を内容とする「銚子市立病院再生事業計画」を策定し、同市に提出した。同市はこれを受け、同年4月「医療法人財団銚子市立病院再生機構」を指定管理者に選定し、同年5月から病院が

再開された。同機構の指定期間は同年4月から2015（平成27）年3月までの5か年間であるが、その運営については多くの問題が発生し、2013（平成25）年5月に市長交代を契機として、病院再建と公金支出について検証が開始されることとなり、翌2014（平成26）年2月から7月にかけて「銚子市立病院の方向性を検討する委員会」が開催された。同委員会の答申書には「二つの市立病院の運営と反省」が盛り込まれるとともに、「今後の市立病院の方向性」として「市が医療・福祉・保健事業を一体的に担える非営利法人（公益性を目指す団体）を設立し、市が中心となって市立病院の運営と公益的事業を担う体制」が提案された。この答申を踏まえ同年8月銚子市は「銚子市立病院の運営と医療公社の設立について」を発表し、医療公社を設立するとともに、同公社による運営に移行する方針が明らかにされた。そして、2015（平成27）年3月に指定管理者として「一般財団法人銚子市医療公社」が指定され、同年4月から同病院の管理・運営を担っている。

経営状況と問題点

銚子市立病院が先に述べたような混沌した状態になぜ陥ったかについて、2014（平成26）年7月の「銚子市立病院の方向性を検討する委員会」の答申を参照しつつ、概説する。概説にあたっては、2008（平成20）年9月の運営休止以前、すなわち病院事業管理者が運営していた時期と2010（平成22）年4月から2015（平成27）年3月までの指定管理者である「医療法人財団銚子市立病院再生機構」（以下「再生機構」という）が運営していた時期に分けて整理する。

まず、病院事業管理者が運営していた時期における経営状況である。1984（昭和59年）に総合病院に改称後病院運営休止までの約25年間は政策的医療が中心であった。また、他会計からの繰り入れは基準を上回り、同規模病院に比べ多額であったため、2003（平成15）年ごろまでは収益はほぼ一定であり、収支均衡を維持していた。しかし、その後、医業収益の伸びや医療スタッフの確保が困難となり収支状況が悪化し、2006（平成18）年度には資金不足を惹起した。2007（平成19）年度は医師数の激

減によりさらに収支状況が悪化し、他会計からの繰り入れは10億円を超えるに至った。この間、同病院では全国自治体病院協議会による経営診断を受けるとともに、日本経済研究所に調査を依頼している。この2者からこの時期の問題点として、開設者が病院経営に対して長い間、関心が少なかったこと、病院管理者に人事権等の全権を与える地方公営企業法の「全部適用」の趣旨がいかされていなかったこと、幹部職員について、病院経営能力が高い者が不在であり、事務職員は市職員のローテーションで頻繁な異動があったこと、そして病院の特徴、指向する方向や役割がはっきりしていなかったことなどが指摘されている。

次に、指定管理者である「再生機構」が運営していた時期についてである。再生機構が運営を開始した2010（平成22）年度は入院機能がなく外来部門だけが稼働しており、事実上の「診療所」であった。医業収益も3900万円に対し医業費用は3億3600万円と計画と大きくかい離していた。2011（平成23）年度は一般病床53床で運営されたが、1日の平均入院患者数は12名であり、外来中心の診療であった。費用は収益の3.4倍の10億円を超え、「事業体としてはあり得ないような損益」であった。このような決算を計上したのは、再生機構の東京事務所の維持費、医師招聘のための広告宣伝費および紹介手数料が莫大になったためである。2012（平成24）年度は外科医師が派遣されたものの手術件数は見込みに達せず、療養病棟もオープンしたが、コストの増加に見合う医業収益は増えなかった。医業損失は8億円超にまで膨らみ、当初の事業計画とは大きくかけ離れたものとなった。2013（平成25）年度は一般病棟を増床したが、患者が増えず当初の見込みよりも2億円減収であった。再生機構による運営の問題点として、基本協定書と繰入金、東京事務所、コンプライアンス、経営管理等多くの問題点が指摘されている。

第8章

医師の確保

1　病院経営と医師確保

　病院における医療行為の大半は医師が権限を有しており、医師の存在なくして病院経営は成り立たないといえる。病院にとって医師の確保は死活問題である。経営不振にあえぐ病院の大半がその原因として「医師不足」をあげることも頷けないことではない。たとえば、第7章で紹介した破綻病院はいずれも「医師不足」を経営悪化の理由としていた。一方、医師の確保は全国の病院に共通する課題であり、多くの病院では医師不足にならないための対策あるいは医師確保のための対策を個別に講じてきているのである。それは医師が働きやすい環境の整備、大学との連携、医師のモチベーションの向上等多面的な取り組みである。

2　医師不足の多面性

　一口に医師不足といわれるが、日本の医師の実数は毎年4000人程度増加している。1967（昭和42）年に約11万2000人だったものが、2012（平成24）年には約30万3000人と45年間で2.7倍になっている。また、人口10万人あたりの医師数は、1970（昭和45）年に「最小限必要な医師数を人口10万対150人」とされた。この目標を達成するため、1973（昭和48）年から「無医大県解消構想」いわゆる「一県一医科大学」設置が推進

され、1981（昭和56）年には医学部の入学定員は8280人に拡大された。その結果、「人口10万対150人」の医師の目標は1984（昭和59）年に達成された。一方、同年に設置された「将来の医師需給に関する検討委員会」は1986（昭和61）年に最終意見をとりまとめた。そこには、2025（平成37）年には全医師の1割程度が過剰となるとの将来推計を踏まえ、1995（平成7）年を目途として「医師の新規参入を最低限10％程度削減する必要がある」という考えが盛り込まれた。旧厚生省はこの意見を踏まえ、医学部の入学定員の削減について関係各方面に協力を求め、その結果、医学部入学定員は1993（平成5）年には当初目標の10％削減には達しなかったものの、7.7％削減され、7725人となった。その後、医学部の入学定員の増員等の対策が講じられ、2012（平成24）年には人口10万対237.8人にまで増加し、1970（昭和45）年に設定された目標の1.6倍に達している。しかしながら、この統計データには、高齢のため引退した医師、保健所等行政機関に勤務する医師等直接医療行為に従事しない医師が計上されていることに留意する必要がある。また、近年医師不足の問題が大きくクローズアップされたのは、必要なところに必要な医師が行き渡っていないからであり、具体的には地域的偏在、診療科間の不均衡等多様な側面があることを見逃してはならない。

(1) 地域的偏在

都道府県ごとの人口10万人あたりの医師数［2012（平成24）年12月末］について、上位5都道府県および下位5都道府県を示したものが図表8-1である。人口10万人あたりの医師数が多い徳島県は314.6人、最も少ない埼玉県は154.5人と2倍以上の開きがある。先に述べたように政府が目標とした「人口10万対150人」が達成されたのは1984（昭和59）年（人口10万対150.6人）であるから、埼玉県の人口あたりの医師数は30年前の日本の水準と同じレベルということができる。

一方、医師数の多い都府県でも、地域的偏在が生じている。都府県内を医療圏ごとに見てみると、たとえば、東京都では「区中央部」（千代田区、

図表 8-1　都道府県ごとの人口 10 万人あたりの医師数

1　医師数の多い都府県　　　　　　2　医師数の少ない県

(単位：人)

順位	都府県名	医師数
1	徳島県	314.6
2	東京都	313.7
3	京都府	312.2
4	鳥取県	299.8
5	福岡県	297.9

(単位：人)

順位	県名	医師数
1	埼玉県	154.5
2	茨城県	175.7
3	千葉県	178.8
4	福島県	187.8
5	静岡県	193.9

(出所)　厚生労働省編「2012（平成 24）年医師・歯科医師・薬剤師調査の概況」をもとに筆者作成。

中央区等）は 1188.1 人であるのに対し、「島しょ」（大島町、利島村等）では 110.6 と 10.7 倍の格差である。また、京都府では「京都・乙訓」（京都市、向日市等）が 386.3 人であるのに対し、「山城南」（木津川市、笠置町等）は 130.1 人と 3.0 倍の開きである。

(2)　診療科間の不均衡

　医師不足について、地域的偏在と並んで深刻な問題は診療科間の不均衡である。診療科間の不均衡とは、特定の診療科にあって、過酷な勤務環境やリスクの増大により、医師の転科や志望する医学生の減少により医師が不足する状況のあることである。

小児科

　小児科医数は 1994（平成 6）年に 1 万 3346 人であったものが、2012（平成 24）年に 1 万 6340 人と増加傾向にある。しかしながら、核家族化が進むとともに、夜間や休日における救急対応の件数が増加している。また、小児救急医療体制が整備されている特定の病院への患者が集中することなどの問題が指摘されている。

産婦人科

　産婦人科医は1994（平成6）年に1万1391人であったが、2006（平成18）年には1万74人まで減少したものの、2012（平成24）年には1万868人と回復基調にある。産婦人科医は2004（平成16）年に発生した「福島県立大野病院事件」により逮捕のリスクが懸念され、産婦人科医が婦人科の専科に移行し、あるいは医学生が敬遠したために、一時期減少傾向が続いたものと考えられる。

麻酔科

　麻酔科医は1994（平成6）年に4683人であったが、2012（平成24）年には8140人に増加している。近年手術件数が増加するとともに、全身麻酔を麻酔科医が実施する傾向が強まっており、麻酔科医のニーズが高まり、不足感が増大しているものと考えられる。

救急科

　救急科医は2006（平成18）年に1698人[1]であったが、2012（平成24）年には2600人に増加しているものの、救急搬送件数が増加傾向にあり、絶対数が不足しているという指摘がある。そもそも、救急医療体制は、365日、24時間稼働するのが基本であるが、救急科医だけでは対応できないため、他の診療科医が当直、日直を担っているのが現状である。たとえば、外科医が当直を担当した場合、当直明けに手術を施術することもあり、過酷な勤務環境にあるといえる。

3　国や地方自治体における医師確保政策

(1) 新医師確保総合対策

　医師不足の状況に対応するため、国においては各種の対策を講じている。最近では、2006（平成18）年に厚生労働省、総務省、文部科学省の3

省で構成する「地域医療に関する関係省庁連絡会議」が「新医師確保総合対策」をとりまとめた。この対策は、「緊急に取り組む対策」と「制度創設等についての中期的検討」の2本柱で構成されている。「緊急に取り組む対策」としては「都道府県による取り組みの一層の支援」「都道府県のみでは対応困難な地域に対する緊急対策」および「人材の有効活用、救急およびへき地・離島医療の推進」が盛り込まれた。具体的には、小児科・産科をはじめ急性期の医療をチームで担う拠点病院づくり、医学部における地域枠の拡充、医師不足県における医師養成数の暫定的な調整の容認、自治医科大学における暫定的な定員の調整の容認、出産・育児等に対応した女性医師の多様な就業の支援等の施策が示された。

(2) 緊急医師確保対策

2007（平成19）年5月に政府・与党が一体となって「緊急医師確保対策について」が策定された。このなかでは、「地域の医療が改善されたと実感できる」実効性のある緊急対策として次の6項目が示され、予算措置も含め関係各省で具体的な施策が講じられることとなった。

① 医師不足地域に対する国レベルの緊急臨時的医師派遣システムの構築
② 病院勤務医の過重労働を解消するための勤務環境の整備等
③ 女性医師等の働きやすい職場環境の整備
④ 研修医の都市への集中の是正のための臨床研修病院の定員の見直し等
⑤ 医療リスクに対する支援体制の整備
⑥ 医師不足地域や診療科で勤務する医師の養成の推進

(3) 具体的な取り組み

医学部入学定員の増員

医学部入学定員は、「緊急医師確保対策」等を受け2008（平成20）年度以降増員が図られ、2007（平成19）年度は7625人であったが、2016（平成28）年度は9262人と2007年度（平成19）年度比1637人増（21.5％増）

地域枠の設定

地域枠は、2010（平成22）年度から導入されたもので、医学部の入学定員を増員するにあたって、都道府県と大学とが互いに連携し、一定の条件を付した入学定員枠を設ける仕組みである。一定の条件とは、地域枠で入学した医学生は、たとえば小児科や産婦人科など特定の診療科やへき地など特定の地域で診療・勤務を行うことである。また、都道府県は地域枠の医学生に対して奨学金を貸与する制度を設けている。2014（平成26）年度までに地域枠による入学定員の増加は500人となった。

地域医療支援センター

厚生労働省は、2011（平成23）年度から「地域医療支援センター運営事業」を創設し、都道府県の地域医療支援センターの運営を支援している。地域医療支援センターは、地域医療に従事する若手医師のキャリア形成と一体的に、医師不足病院の医師確保の支援を行うことにより、医師の地域偏在の解消を目指すもので、2014（平成26）年現在43都道府県に設置されている。また、2011（平成23）年度以降42道府県で合計2170人の医師を各都道府県内の医療機関にあっせん、派遣を行っている［2014（平成26）年7月現在］。

4　個別病院における医師確保の取り組み

医師確保については、国や都道府県において政策課題として取り組まれるとともに、個々の病院が独自に各種の方策を講じている。すでに述べたように、必要な医師が確保できなかったら、病院経営に多大な支障をきたすばかりでなく、地域住民の期待に応えることができなくなってしまうからである。個々の病院の取り組みは、大きくは二つに分けることができる。その一つは医師をリクルートするための直接的な方策であり、二つ目

は医師にとって働きやすい環境の整備である。

（1）医師確保のための直接的な取り組み

大学医局からの派遣

最も大きな医師の供給源は、大学医学部（附属病院）であることは疑いようのないことであり、多くの病院では大学医局に依存してきた。一方、2004（平成16）年度からの医師臨床研修の必修化により大学病院に在籍する臨床研修医が大きく減少したため、大学の医師派遣機能が低下したといわれている。個別病院が講ずる最も有効な医師確保対策は大学医局に医師派遣を要請することである。社団法人日本病院会が2011（平成23）年に実施した「病院の人材確保・養成に関するアンケート調査」でも86％の病院が大学医局から医師の派遣を受けている。多くの病院では医局からの医師派遣なくしては、病院経営ができないのである。

一方、同調査によると医師確保のために大学・医局に研究費等寄付等の支援を行っている病院は、回答病院全体の38.2％を占め、年間の寄付金額の平均は365万円になっている。

医師等人材斡旋業者の利用

医師等人材斡旋業者とは、転職等を希望する医師を対象として病院への斡旋を行う民間事業者であるが、臨床研修の必修化以降このようなビジネスが誕生したといわれている。斡旋業者の手数料はおおむね年収の20％程度で、契約が成立すると病院が業者に支払うこととなるが、6か月未満で医師が退職した場合は手数料を支払わなくてよい場合もある。先の社団法人日本病院会の調査では、斡旋業者を利用する病院は少なくなく、医師に留まらず、看護師、薬剤師、理学療法士等の確保についても斡旋業者を利用している実態が明らかになっている。また、斡旋手数料の年間支払額が500万円以上の病院は30％を超えている。

(2) 働きやすい環境の整備

仕事と出産・育児等の両立支援制度

ワークライフバランスは、医療界のみならず日本社会全体の問題であるが、病院では女性医師の割合が増加する傾向にあり、多様な勤務形態の創設や院内保育所の充実に取り組んでいる例も少なくない。多様な勤務形態とは、たとえば、子育て中の女性医師に勤務時間の特例を認めるケースであり、常勤医師は週5日勤務が原則であるが、週5日未満でも常勤として取り扱うとともに早期退勤や当直の免除を認めるなどである。

給与等インセンテイブの充実

各病院では、開設主体の如何を問わず医師確保のため、給与等処遇の面でさまざまな取り組みを行っている。まず、給与の面では、手術手当、分娩手当、オンコール手当等各種の手当を充実させている。また、人事評価制度を導入し、業務の成果に応じて勤勉手当（ボーナス）を付加する病院も見られる。

その他

病院の中には奨学金制度を病院独自で設け、医学部学生に奨学金を貸与し、医師資格免許取得後は自院に就職する仕組みを有しているところもある。この場合、貸与期間終了後、一定期間当該病院で勤務したときは奨学金の返還が全額免除となる。また、医師の負担軽減のために医療秘書を積極的に配置するとともに国際学会に医師を病院負担で派遣するなど多様な取り組みが展開されている。

注

1 この項目における医師数は厚生労働省「医師・歯科医師・薬剤師調査」に基づいているが、救急科に従事する医師が追加されたのは、2006（平成18）年調査からである。なお、同調査において調査時点は毎年12月31日である。

第9章

看護職員の確保

1 病院経営と看護職員の確保

　現在、医療サービスは病院を中心として提供されているが、ヨーロッパにおいて病院の起源はローマ時代にさかのぼるといわれている。ローマの貴婦人たちが各地に私財を投じて修道院に附属して建設したものが病院のはじまりであった。そこには、病人をはじめ、貧困者、身寄りのない者などが収容され、修道女たちが世話した。こうした病院は慈善施設的な要素が強く、医師は常駐しておらず、修道女により運営されていた。修道女が現代の看護師の役割を果たしていたのである。

　現代でも看護師の病院における重要性は変わらず、むしろ従前よりも高まっている。今、病院経営にとって重要な課題の一つは、医師不足と同様「看護師不足」である。看護師不足は医師不足とは異なった側面を有していると考えられ、全国の多くの病院では看護師の労働環境の整備、多様な働き方が可能な環境づくりやキャリア形成の支援などに取り組んでいる。

2 看護職員の種類と養成

(1) 看護職員の種類

　看護業務に従事する職員すなわち看護職員は、保健師、助産師、看護師

と准看護師に区分される。いずれも「保健師助産師看護師法」にその業務が規定されている。

　保健師は、「保健師の名称を用いて、保健指導に従事することを業とする者」（同法第2条）、助産師は、「助産又は妊婦、じょく婦若しくは新生児の保健指導を行うことを業とする女子」（同法第3条）、看護師は、「傷病者若しくはじょく婦に対する療養上の世話又は診療の補助を行うことを業とする者」（同法第5条）、准看護師は、「医師、歯科医師又は看護師の指示を受けて、前条に規定することを行うことを業とする者」（同法第6条）とされている。

　また、近年の医療の高度化、専門化や国民の健康に対する関心の高まりを受け、看護の分野においても、高い専門性が求められるようになってきている。このため、公益社団法人日本看護協会では、専門看護師、認定看護師および認定看護管理者の資格認定制度を設けている。

(2) 看護職員の養成

　保健師、助産師および看護師の資格を取得するためには、大学や専門学校で看護教育を受けた後に、国家試験に合格しなければならない。また、准看護師は、准看護師養成の専門学校等で看護教育を受け都道府県の行う試験に合格して免許を取得することとなる。看護教育機関の学校数および定員数は、図表9-1のとおりとなっている。また、2014（平成26）年における国家試験の合格者数は、看護師5万2900人、助産師2015人、保健師1万4970人となっており、1995（平成7）年と比べると看護師は1万2078人、助産師は392人、保健師は1万2408人増加している。

(3) 看護職員の就業状況

　厚生労働省医政局によると2012（平成24）年における看護職員就業者数は約153万8000人でその内訳は看護師約106万8000人、准看護師約37万8000人、保健師約5万7000人、助産師約3万5000人となっている。

図表 9-1　看護教育機関の状況［2013（平成 25）年 4 月］

種別	学校数	定員	対象受験資格
保健師養成所・大学院・短大専攻科	30	937	保健師
助産師養成所・大学院・短大専攻科	99	1720	助産師
4 年制大学	218	17,878	看護師（保健師課程は保健師、助産師課程は助産師）
養成期間 3 年の養成所・短大	555	28,051	看護師
高校・高校専科 5 年一貫教育校	77	4,035	看護師
養成期間 2 年の養成所・短大等	193	11,665	看護師
准看護師養成所・高校	243	11,055	准看護師

（出所）　厚生労働省編「看護師学校養成所入学状況および卒業生就業状況調査」をもとに筆者作成。

1997（平成 9）年の約 106 万 5000 人、2002（平成 14）年の約 123 万 3000 人と比較するとそれぞれ 44％、24.7％の増加であり、とくに看護師は着実な伸びを示している。また、厚生労働省の「病院報告」によると病院における医療従事者は、2010（平成 22）年に約 186 万 8000 人であるが、そのうち看護関係職員（看護業務補助者を含む）は約 106 万 4000 人と 56.9％を占めており、病院に勤務する職員の 6 割近くが看護関係職員ということになる。このことから、看護部門の病院における比重が年々高まっているといえる。

3　看護職員の不足

(1)　需給の不均衡

厚生労働省の「職業安定業務統計」によると、2013（平成 25）年度のハローワークにおける看護職員の有効求人数は約 120 万 3000 人であるが、これに対し有効求職者は約 44 万 7000 人、有効求人倍率は 2.69 倍となっている。2007（平成 19）年度の 2.30 倍から次第に上昇傾向にある。また、

一般の有効求人倍率は0.97倍であり、看護職員の不足が際立っている。

(2) 看護職員の離職

　公益社団法人日本看護協会の「病院における看護職員需給状況調査」によると、2013（平成25）年度の常勤看護職員の離職率は、前年度と同率の11.0％であり、過去4年間でみると大きな変動はない。また、厚生労働省では2012（平成24）年における看護職員の離職者数を約16万1000人と推計している。

　また、厚生労働省が2011（平成23）年に実施した「看護職員就業状況等実態調査」において、調査対象者にこれまでに勤務先を退職した回数を質問したところ、「0回」は39.4％、「1回」は26.5％、「2回以上」32.4％であった。つまり、看護職員のうち、6割近くが離職経験者ということになる。退職の理由については、図表9-2のとおり、「出産・育児」「結婚」「本人の健康問題」「家族の健康問題・介護」という本人の生活に関係するものが55.3％、「人間関係がよくない」「超過勤務が多い」「休暇がとれない・とりづらい」「夜勤の負担が大きい」など職場環境に関するものが69.0％となっている。このことから、看護職員が退職する理由としては、本人の生活に起因することよりも職場環境に起因することの方が大きいということができる。職場環境については、さまざまな要素があり、労働環境、人間関係、人材育成に分類できる。労働環境については、「超過勤務が多い」「休暇がとれない・とりづらい」「給与に不満がある」「夜勤の負担が大きい」で合計38.5％を占めている。また、人材育成については、「教育体制が充実していない」「キャリアアップの機会がない」で合計8.1％になっている。

　この調査からいえることは、看護職員不足の背景としては、労働環境が十分でないことがあげられ、人材育成体制についても改善の余地がある。看護職員の業務は、ハードであることに加え、人命を預かる責任の重い仕事である一方、看護職員の多くは女性であり深夜業務を余儀なくされている。このような観点を踏まえると看護職員の確保には労働環境の整備が不可欠であると考えられる。

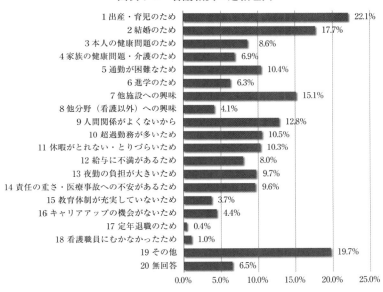

図表 9-2　看護職員の退職理由

（出所）　厚生労働省「看護職員就業状況等実態調査」をもとに筆者作成。
（注）　この設問の対象者は1万1949人。複数回答のためパーセンテージの合計は100%を超えている。

　離職者は、離職後比較的短期間で他の医療機関等に再就職を行う者と、それ以外の者（看護職員として就業する意思を失った者を含む）に分けられる。その割合は不明であるが、専門資格を有しながら看護職員として就業していない者が、先述のとおり約44万人にのぼることも考慮する必要がある。看護職員養成学校の入学定員が漸増しつつあるとはいえ、少子化の進展にともない将来的に看護職員の供給は限界がある。そのようななかで一度離職した看護職員が一定期間を経て再び看護の現場に復帰するためには、研修が必要であり、看護職員本人や医療機関等の双方にとって負担が大きいものと考えられる。さらに、看護職員がほかの医療機関等に再就業したとしても、病院等にとってはリクルート活動に多くの費用や時間をかけることになる。また、看護職員にとっても新しい職場にただちに適応できるか心理的な負担がともなうことになる。このようなことを踏まえれば、現在医療の現場で看護職員として勤務している者がその職場に円滑に

定着していくか、またどれだけ長く就業できるかという点に力点を置いて対策を講じていくかが重要であると考えられる。

(3) 7対1看護体制

　2006（平成18）年度の診療報酬改定において、入院収入の前提となる看護職員の配置基準が改定され、これまでよりも多くの看護職員を配置する「7対1」入院基本料が創設された。この「7対1」入院基本料の創設が看護師不足に拍車をかけたといわれている。「7対1」とは入院患者7人に対して看護職員1人が勤務している状態のことをいう。

　「7対1」入院基本料の導入は患者、病院、看護職員の3者にとってそれぞれメリットがある。まず、患者にとっては、看護職員が病棟により多く配置されることとなるので、これまでより質の高い看護サービスの提供を受けることとなる。病院経営においては、より高位の入院基本料を適用することができ、収益が増加することが期待できる。そして、看護職員については配置人員が増加することにより負担が緩和されることとなり、離職が抑制される。

　一方、次のようなデメリットも生じている。「7対1」については、入院基本料が高く設定されたものの、配置数が薄い「15対1未満」の場合は改定前より約30％前後減額となった。また、この改定により全国の病院では看護職員の確保活動が積極的に展開された。大学病院など大規模な病院は福利厚生制度などを充実させ、看護職員の確保に成功したが、地方の中小病院では、苦戦を強いられ、人材確保が思うように進まなかったところもある。その結果、病棟の閉鎖や入院受け入れの縮小、入院単価の低下により、病院経営にマイナスの影響を受けているところも少なくないとの指摘がある。

　また、国が「7対1」入院基本料を導入した背景には病床の機能分化を促進しようとしたことがあるが、2013（平成25）年7月時点で全国の一般病床約89万7000床の4割にあたる約37万9000床において「7対1」入院基本料が適用されており、現在これを適正化しようとする政策が進められている。

4　国や地方自治体における看護職員確保政策

　看護職員の不足を受けて国や地方自治体では、「看護師等の人材確保の促進に関する法律」［1992（平成4）年制定］に基づき、看護職員の確保に向けて各種の施策を講じている。2014（平成26）年に同法が改正され、看護職員が離職する場合にはその連絡先等を都道府県ナースセンターに届け出ることが努力義務化されるとともに、看護職員の復職支援の強化を図るため無料職業紹介や復職研修など都道府県ナースセンターが提供するサービスの充実・改善を行うこととされた。また、同年医療法が改正され、ワーク・ライフ・バランスの確保等を通じた看護職員の定着・離職防止を図るため、病院等が看護職員を含む医療従事者の勤務環境の改善に取り組む仕組みが導入されている。

　都道府県においては、看護師等養成所の施設整備・運営、新人看護職員研修の支援、ナースセンターの機能強化、病院内保育所の整備を含む勤務環境の改善等に対して支援を行っている。

5　個別病院における看護職員確保の取り組み

(1) 採用における取り組み

　看護大学や看護専門学校等の養成所の卒業予定者に自院のことを理解してもらい、採用試験にできるだけ多くの学生に受験してもらう必要がある。このため、多くの病院では、パンフレットを大学や専門学校等を通じて配布するとともに、ホームページを開設し、自院の看護職員の状況を紹介するなどして広報活動を充実させている。併せて、学校において就職説明会、あるいは、自院でガイダンスを行う病院も増えてきている。

　自治体病院をはじめとして地方の病院は東京や大阪等都市部に試験会場を設けるところもある。一方、大都市部では遠隔地からの受験者に対して

交通費を支給する病院もある。また、いくつかの病院では看護学校の学生に対して在学中に奨学金を貸与しており、この場合、卒業後に当該病院に奨学金の貸付期間以上勤務すれば、返済が全額免除となる。

(2) 働きやすい環境づくり

多くの病院では、育児休業制度や部分休業制度を創設するとともに、当該制度が確実に運用できるような体制づくりに取り組んでいる。育児休業が明けた職員については、配置部門を配慮するとともに夜間勤務を制限するケースも見られる。また、看護補助員や介護職員を雇用し、看護業務の負担を軽減する病院も少なくない。とくに、院内保育所を設置する病院が多くなっている。院内保育所は、いくつかのタイプがあるが、看護職員ばかりではなく、病院で勤務する職員に幅広く利用されている。

(3) 人材育成

専門看護師や認定看護師などの資格取得を促進するため、研修会への参加に必要な経費を病院が負担する事例が増えている。また、看護職員のスキルアップのための看護関係のセミナーや学会などへの参加について、旅費や受講料を病院が負担しているところも少なくない。

注
1 「じょく婦」とは、出産後間もなく、まだ産褥にある女性のことである。

第10章

病院経営と医療技術部門
薬剤部門と栄養管理部門を例として

1 薬剤部門

(1) 薬剤師制度の沿革

　医療技術者に関する制度の中で最も早く確立したものの一つは、薬剤師制度である。1874（明治7）年に「医制」が布達され、「医師タル者ハ自ラ薬ヲ鬻グコトヲ禁ズ」とされた。これにより医師の業務から調剤を分離し、「薬舗主」が調剤担当者として位置づけられた。その後1889（明治22）年に制定された「薬品営業並薬品取扱規則」（通称「薬律」）において「薬剤師」が正式の名称として登場し、この中で薬剤師の定義と権限が明らかにされた。1925（大正14）年に薬律から薬剤師に関する規定を独立させた旧薬剤師法が制定された。旧薬剤師法は1943（昭和18）年に戦時法制の一環である旧薬事法に統合された。現行の薬剤師法は1960（昭和35）年に制定されたものである。薬剤師の権限の一つに調剤業務の独占がある。薬剤師法では「薬剤師でない者は、販売又は授与目的で調剤してはならない」と定め、これに反した場合の罰則規定が設けられている。また、2013（平成25）年に旧薬事法を改正して定められた「医薬品、医療機器等の品質、有効性および安全性の確保等に関する法律」では医薬品の店舗販売業等に薬剤師の配置が義務づけられている。

(2) 薬剤師の養成

　第二次世界大戦後、GHQ の指示のもと薬剤師国家試験が創設された。その受験資格は「大学において、薬学の正規の課程を修めて卒業した者」とされた。第 1 回の国家試験は 1949（昭和 24）年に実施され、2276 名が合格した。この時の受験者の出身校は、東京大学、京都大学に加え、薬学専門校であった。その後、薬科大学や薬学部卒業生の増加ともあいまって薬剤師が急増したのを受け、1970 年代から 1980 年代にかけて日本薬剤師会や日本私立薬科大学協会は薬科大学や薬学部の新増設の抑制を表明する。

　一方、1990 年代になって薬学部の 6 年制教育について関係省庁等が検討をはじめ、文部科学省が 2002（平成 14）年に「薬学教育の改善・充実に関する調査研究協力者会議」を立ち上げた。同会議は翌 2003（平成 15）年に「薬剤師育成のための薬学教育には、トータルの期間として 6 年間が必要」との提言を公表した。中央教育審議会も、2004（平成 16）年に同様の答申を行い、同年薬学教育 6 年制にかかる 2 法案が成立し、2006（平成 18）年から 6 年制薬学教育がスタートした。

(3) 薬剤師の活動領域

　薬剤師のおもな従事施設、すなわち活動領域は、「薬局」「医療施設」「大学」「医薬品関連企業」「衛生行政機関」などである。薬局や医療施設で担当する調剤は、薬剤師法による独占業務であり、医薬品関連企業のうち医薬品販売業は薬剤師の配置が義務づけられている。厚生労働省の「医師・歯科医師・薬剤師調査」によれば、2014（平成 26）年 12 月末時点での全国の薬剤師は約 28 万 8000 人であり、前回［2012（平成 24）年 12 月］と比べると約 8000 人増加している。これを活動領域ごとにみると図表 10-1 のとおり薬局や医療施設等調剤業務に従事する薬剤師が全体の 4 分の 3 を占めていることがわかる。

図表 10-1　従事施設ごとの薬剤師数

区分	2014（平成26）年		2012（平成24）年		対前回	
	人員（人）	構成比（%）	人員（人）	構成比（%）	増減数（人）	増減率（%）
薬局	161,198	55.9	153,012	54.6	8,186	5.3
医療施設	54,879	19.0	52,704	18.8	2,175	4.1
大学	5,103	1.8	5,249	1.9	−146	−2.8
医薬品関連企業	43,608	15.1	45,112	16.1	−1,504	−3.3
衛生行政機関	6,576	2.3	6,443	2.3	133	2.1
その他	16,766	5.8	17,517	6.3	−751	−4.3
不詳	21	0.0	15	0.0	6	40.0
計	288,151	100.0	280,052	100.0	8,099	2.9

（出所）　厚生労働省編「平成26年医師・歯科医師・薬剤師調査の概況」をもとに筆者作成。

（4）薬剤部門と診療報酬

　診療報酬の体系は「医科」「歯科」「調剤」の3種で構成され、このうち「医科」については、「基本診療料」と「特掲診療料」の2本立てとなっている。いずれの診療料も、医師の行為の対価が基本になっているが、「投薬料」は薬剤部門の技術に対する評価が反映されている。また、薬剤師の行為に着目して算定されるものもある。

病棟薬剤業務実施加算

　病棟薬剤業務実施加算は病院に入院している患者について薬剤師が病棟において病棟薬剤業務を実施している場合に加算するものであり、2012（平成24）年の診療報酬改定で新設された。病棟薬剤業務とは病院勤務医等の負担軽減および薬物療法の有効性、安全性の向上に資する薬剤関連業務である。また、所定点数に加算できるのは、当該患者について週1回に限りとされている。

　病棟薬剤業務実施加算が新設された背景として、まずチーム医療の重要性に鑑みて日本病院薬剤師会等関連団体が薬剤師の病棟業務の評価について、従来から国などに要望してきたことがあげられる。2010（平成22）年度の診療報酬改定では、その要望は叶わなかったものの、中央社会保険

医療協議会の答申書に「薬剤師の病棟配置の評価を含め、チーム医療に関する評価について検討を行うこと」という附帯意見が盛り込まれた。加えて、2010（平成22）年4月に厚生労働省医政局長からはチーム医療において薬剤の専門家である薬剤師が主体的に薬物療法に参加することが重要である旨の通知が出された。そして、2012（平成24）年度の改定において薬剤師の病棟業務が評価され、病棟薬剤業務実施加算の実現に至ったものである。

がん患者指導管理料3

「がん患者指導管理料」は、「特掲診療料」の中の「医学管理等」の一つであり、「がん患者指導管理料1」「同2」「同3」からなっている。このうち、「がん患者指導管理料3」は、2014（平成26）年度の診療報酬改定で新設されたものであり、継続して抗悪性腫瘍剤の投薬または注射を受けている患者の同意を得て、保険医または当該保険医の指示に基づき薬剤師が、投薬または注射の前後にその必要性等について文書により説明を行った場合に、患者1人につき6回に限り算定することとなっている。そして、がん患者指導管理料3に関する施設基準として、①化学療法の経験を5年以上有する医師および専任の薬剤師がそれぞれ1名以上配置されていることや、②①に掲げる薬剤師は、5年以上薬剤師としての業務に従事した経験および3年以上化学療法に係る業務に従事した経験を有し、40時間以上のがんに係る適切な研修を修了し、がん患者に対する薬剤管理指導の実績を50症例（複数のがん種であることが望ましい）以上有するものであることなどが示されている。がん患者指導管理料3においては、行為主体として薬剤師が位置づけられるとともに、施設基準における薬剤師の配置が算定要件の一つとして定められている。

これまでは薬剤師の業務について診療報酬が算定できるのは、薬剤指導管理料や病棟薬剤業務実施加算に見られるように、入院患者が対象で外来患者を対象としたものではなかった。がん患者指導管理料3は、薬剤師の外来部門での活動が評価された最初のものである。これは、近年外来化学療法の患者が増大するなか、薬剤師がその専門性を活かしてがん患者に対

(5) 薬剤部門の新たな展開

　病棟薬剤業務実施加算やがん患者指導管理料3は、いずれも薬剤師が主体となった行為に対する評価である。また、薬剤師のこれまでのフィールドであった薬局から離れて病棟や外来での行為が評価された点に注目すべきであろう。医療の進展に連動してあらたなフィールドを開拓してこそ、薬剤師は病院における存在感を増すことができるのである。

　また、管理会計において、コスト・センターとプロフィット・センターという二つの考えがある。コスト・センターとは、費用（コスト）だけが集計され、収益は集計されない部門のことであり、したがって、コストに対してのみ責任を有する。これに対し、プロフィット・センターは、収益（プロフィット）と費用が集計される部門であり、集計された収益から費用を差し引いた利益を極大化することが目標となる。収益と費用の差額を大きくすること、つまり収益はできるだけ多く、費用はできるだけ少なくすることが目標となる。

　これまで薬剤部門はプロフィット・センターとしての位置づけが明確ではなく、むしろコスト・センターとしてみなされる向きもあった。しかしながら、薬剤師をはじめ医療技術者の行為は診療報酬の中で評価される傾向にあり、薬剤部門はプロフィット・センターとして脱皮し、自部門の収益と費用を確実に把握することにより病院経営への貢献度をさらに高めることができると考える。

2　栄養管理部門

(1) 管理栄養士制度の沿革

　管理栄養士の役割を定めている栄養士法は、1947（昭和22）年に制定

されたが、制定当時は栄養士についてのみが定められ、管理栄養士については規定されていなかった。管理栄養士が法律に登場するのは、1962（昭和37）年の改正栄養士法においてである。当時の管理栄養士は「前項（栄養士の項）に規定する業務であって複雑または困難なものを行う適格性を有する者として登録された栄養士」と定義され、栄養士の上級資格として創設された。

2000（平成12）年の改正栄養士法において、管理栄養士の定義は「傷病者に対する療養のため必要な栄養の指導、個人の身体の状況、栄養状態等に応じた高度の専門的知識および技術を要する健康の保持増進のための栄養の指導並びに特定多数人に対して継続的に食事を供給する施設における利用者の身体の状況、栄養状態、利用の状況等に応じた特別の配慮を必要とする給食管理およびこれらの施設に対する栄養改善上必要な指導等を行う業とする者」とされた。この改正では、管理栄養士の定義に加え資格要件が変更されるとともに、資格についても登録制から免許制に改正された。法律改正に先立つ1997（平成9）年に当時の厚生省は「21世紀の管理栄養士等あり方に関する検討会」を設置し、業務内容、養成のあり方、国家試験、生涯教育等について検討を行った。

一方、社会・経済情勢の変化にともない、管理栄養士に求められる社会的な役割も、制度が創設された1960年代とは大きく変貌し、2000年代になると健康増進法や食育基本法が制定され、これにより新たな期待が寄せられるようになった。

(2) 管理栄養士の養成

管理栄養士の免許を取得するには厚生労働省の管理栄養士国家試験に合格しなければならない。この試験の受験資格を得るにはいくつかのルートがある。一つは、栄養士免許を得た後に一定期間栄養の指導に従事する方法、二つは、管理栄養士養成施設を修了して栄養士免許を得る方法である。さらに、4年制の大学や専門学校については栄養士免許取得見込みであれば4年生の時に受験が可能である。

(3) 管理栄養士の活動領域

　一般社団法人全国栄養士養成施設協会の調査によれば、2011（平成23）年度の管理栄養士養成課程の卒業生で栄養士業務に就職した者は5326人でその内訳は福祉施設1484人（構成比27.9％）、工場・事業場1470人（同27.6％）、病院1341人（同25.2％）となっており、この3職域で全体の8割を占めている。

　一方、地方自治体においても管理栄養士・栄養士は幅広く活躍しており、一般行政分野では健康教育、栄養相談、食環境整備等の公衆栄養、自治体病院では栄養管理・給食管理、学校では食育推進や給食管理を担っている。

(4) 病院の管理栄養士

　病院の管理栄養士・栄養士が配属される栄養管理部門は、組織的には診療部門に位置づけられるところが多いが、以前はそうでない病院も少なくなかった。たとえば、自治体病院であるA病院では、現在は診療部に栄養管理科が設置されているが、従前管理栄養士は事務部の総務課給食係に配置され、係長は事務職員が務めていた。給食係が事務部内に設置されていたことは、バックヤードとしての機能が主たるものであったと考えられる。当時の給食係の業務は、病院食を調理し、それを食事時に患者に提供するというものであり、「裏方」的なものであった。そして、管理栄養士については、患者の栄養状態を管理する業務よりも給食管理の業務が中心であった。給食業務は、患者の性別、年齢、体位、身体活動レベル、病状等によって個々に適正量を算定した栄養補給量をもとに作成した献立が基本となる。これに基づき食材を調達するとともに厨房で調理を行い、病院食として患者に提供するものである。管理栄養士の業務はこれら一連の作業を効果的、効率的に行えるよう専門職としてマネジメントすることである。A病院において事務部の給食係から診療部の栄養管理科へと組織的に変貌を遂げた理由には、管理栄養士がベッドサイドに赴き、患者に直接

栄養指導を行うようになったことが考えられる。今や、栄養管理部門は間接部門から直接部門へと進化しつつある。

(5) 栄養管理部門と診療報酬

栄養管理体制基準
　診療報酬の入院基本料を算定するための要件として五つの基準[1]が定められている。栄養管理体制基準は、五つの要件の中の一つであり、病院に常勤の管理栄養士（有床診療所においては非常勤でも可）が1名以上配置されていることとなっている。

栄養サポートチーム加算
　栄養サポートチーム（NST）加算は入院基本料等加算の一つであり、多職種からなる栄養サポートチームが診察した場合に算定するものである。栄養サポートチーム加算に関する施設基準として、病院内に①から④の職員により構成される栄養サポートチームが設置されていること、さらに以下のうちのいずれか1人は専従であることが定められている。
　①　栄養管理に係る所定の研修を修了した専任の常勤医師
　②　栄養管理に係る所定の研修を修了した専任の常勤看護師
　③　栄養管理に係る所定の研修を修了した専任の常勤薬剤師
　④　栄養管理に係る所定の研修を修了した専任の常勤管理栄養士
　この栄養サポートチーム加算は、2010（平成22）年度の診療報酬改定で新設されたものであるが、栄養サポートチームの活動が診療報酬上評価されたことにほかならず、栄養管理業務が従来の給食業務的なものから医療の一端を担うものとして認知されたものであると考えられる。

(6) 病院栄養管理部門の新たな展開

　病院の管理栄養士は、医療が高度化、複雑化するなか、医療の質の向上に果たす役割が大きくなっており、他の職種がそうであるように専門化が

ますます進展しつつある。その一つの表れとして日本病態栄養学会と日本栄養士会は2014（平成26年）度に「がん病態栄養専門管理栄養士制度」を創設し、2015（平成27年）度には糖尿病と腎臓病の専門の管理栄養士制度をスタートさせた。また、管理栄養士はかつての給食管理業務から栄養管理業務と、より患者に近い業務へと大きく変貌している。病棟薬剤師の配置が代表的であるが、医療技術者の病棟への進出が顕著であり、管理栄養士も栄養サポートチーム業務に見られるように、より患者に近いところでの業務が増大している。

このようななかで病院では管理栄養士の量と質を確保することが求められる。給食業務の委託化が進み、管理栄養士の配置が十分でない状況のもとでルーチン業務に追われており、適切な人員の確保や資格取得に向けた環境の整備も必要になってきている。また、管理栄養士の使命の一つは基本的な食生活の重要性を患者に伝えることである。この場合、人間としての最低限度の生活を実感できるのは「食」であり、器で食事できることが人間としての幸福であり、喜びであることを認識すべきである。給食から栄養管理、そして診療部門の一翼へと新しい流れのなかで、人の命は「食」が基本であることを伝える管理栄養士への期待はますます大きくなるものと考えられる。

注

1 「医科診療報酬点数表」において、入院診療計画、院内感染防止対策、医療安全管理体制、褥瘡対策および栄養管理体制の五つの基準が定められている。

第11章

経営人材の育成

1　経営人材の必要性

　病院のトップ・マネジメントにおいて、病院を取り巻く状況の厳しいことを理解し、経営改革に取り組むにあたっては、まずは改革の司令塔としての経営企画組織を整備することが有効である。新たな組織の役割としては、経営に関するデータを整理・分析し、院長等経営幹部に提供するとともに、病院の経営改革についての提言を行うことである。このような組織は、民間企業におけるゼネラル・スタッフに相当する。民間企業においてゼネラル・スタッフは、トップ・マネジメントを支援し、経営戦略・長期計画の策定、経営分析、特命事項などを任務とする。

　しかしながら、経営改革を進めるには、組織の整備だけでは不十分であり、経営企画組織に与えられた役割を十分に担うことのできる人材、すなわち「経営人材」を配置することが重要である。「経営人材」には、病院の経営分析を的確に行い、ビジョン策定や中・長期的な戦略立案を担うことが求められる。同時に、経営戦略、経営組織等経営に関する知識はもちろんのこと、医療全般に精通することが必要である。さらに、経営人材には、中途半端な、付け焼き刃的なものではなく、経営に関して体系的で、専門的な知識・技術が要求される。

　すでに述べたように、病院は医療技術の専門家の集団で構成されており、こうした集団に対して理解の促進や経営意識の醸成を図るためには、「専門性を高めて専門家と対等に議論する」[1]ことが必要である。いうまで

もなく、病院経営は、医師、看護師、薬剤師といったマンパワーが基本であり、病院職員が経営状況についての理解を深め、納得のうえで一丸となって改革を推進することが、なによりも重要だからである。経営の専門家による説得力に富むプレゼンテーションは、職員一人ひとりの改革への機運を高め、医療のプロたちに揺るぎない信頼感をもたらすものと考えられる。

　病院に経営企画組織を設置し、経営人材を配置することは、今日の病院にとって欠かすことのできない命題であり、とくに経営人材の確保・育成はきわめて意義深いことであると考えられる。

2　経営人材の役割

　経営人材の役割としては、まず病院の多くの部門を「横串」で刺し、束ねることである。病院には、10以上もの診療科、外来や病棟を支える看護部門、多様な職種で構成される医療技術部門といったように、多くの部門で成り立っている。医療行為は、けっして一つの部門だけで完結することはなく、それぞれの部門が連携しあって病院の使命が遂行できるのである。同様に、経営改革においても各部門の課題は互いに連動していることが少なくなく、経営人材は十分な調整能力を備えることが期待される。併せて部門間の連携強化に貢献できる「潤滑油的な存在」となることも重要である。

　また、経営人材は医師、看護師、薬剤師等医療スタッフと緊密なコミュニケーションを図り、現場感覚を有することが求められる。現場から遊離した経営分析や経営戦略は実行性のない、絵に描いた餅となる可能性があるからである。しかしながら、あまりに現場と密着しすぎて、客観的な判断、実証的な分析を欠いてはならない。

　そして、病院の果たすべき使命をしっかりと認識し、問題点や課題を的確に把握することができ、熱い改革マインドをもって改善策を提案する能力を有することも重要である。そのうえで、単なるコストカッターに堕す

ることなく、医療スタッフと使命を共有して、あるいは共鳴して、彼あるいは彼女たちが最高のパフォーマンスが遂行できるよう支えることが望まれる。

3　病院における事務職の人材開発

　病院に経営企画組織を設置する場合、事務部門の中に設置するパターンと事務部門とは別に設置するパターンがあることはすでに述べたところである。(第2章) いずれの場合も、経営企画組織において経営人材としての役割をおもに担うのは事務職員であろう。しかしながら、病院の事務職員の人材開発の取り組みは、他の職種と比べて十分でないといわれている。厚生労働省の「平成21年度医療施設経営安定化推進事業」(「医療施設経営管理部門の人材開発のあり方等に関する調査研究」) では、事務職の人材開発について、「一部の医療施設では意欲的に取り組まれているものの、全体としては途についたばかりと考えられる」とされている。さらに、「経営計画等の中に事務職の人材開発が位置づけられておらず、他の職種の人材開発と比べると重きを置かれていないこと、将来の経営管理層の育成を意識した取り組みが少ないこと、人材開発の方法の開発・体系化が遅れていること、経営管理部門の核となるべき人材として事務長が想定されるが、内部から育っておらず施設外部からの人材に頼りがちなこと等」を指摘している。

　一方、民間の病院の中には、アメリカや日本の大学院で医療経営学を学び、MBA（Master of Business Administration：経営学修士）やMHA（Master of Health Administration：病院経営学修士）を取得した人材を擁している例も少なくなく、病院経営管理士や医療経営士等の取得者も数多く存在する。経営人材の専門的な知識、技術を活用して、掛け声だけではない実効性のある経営改革に取り組もうとしているのである。

4 経営企画組織の設置および経営人材の配置

(1) 経営企画組織の設置

　全国の病院における経営企画組織の設置や経営人材の配置に関して、その実態を調査したデータは見当たらない。そこで、筆者は2013（平成25）年に全国の自治体病院の事務長等に対し「経営人材育成に関するアンケート」（以下「事務長アンケート」という）を実施した。これをもとに本項および次項において自治体病院における経営企画組織の設置および経営人材の配置状況を概観するとともに、経営人材育成の課題を考察する。

　事務長アンケートで、まず経営企画組織の設置状況を問うたところ、設置している病院が全体の58.3％と設置していない病院を上回った。とはいえ、4割以上の病院が経営企画組織を設置していないことに注目すべきであろう。自治体病院の多くは公立病院改革ガイドラインに基づき「改革プラン」を作成しているが、その司令塔が不在ということになるのではないだろうか。また、当該経営企画組織の組織階層については、部レベルが8.3％、課・室レベルが63.3％、係・班レベルが20.0％、その他8.3％であった。自治体病院にあっては、今後一層経営戦略や経営分析等が重要な課題になることから経営企画組織の設置や拡充が期待される。

(2) 経営人材の配置状況

　自治体病院では、経営人材はほとんど配置されていないといっても過言ではなかろう。事務長アンケートにおいて、病院に「経営専門職員」を配置しているか尋ねたところ、配置している病院は、103病院中2病院（1.9％）にしか過ぎなかった。残りの101病院（98.1％）には経営専門職員は置かれていないのである。このアンケートでは、経営専門職員を「病院経営に関する専門的な教育や資格取得等により病院経営に関する能力や技術を有する職員」と定義づけた。すなわち、本書の経営人材とほぼ同じ

概念である。この結果は、自治体病院の経営改革がはじまったばかりであり、経営人材の配置・活用まで至っていないことを表しているものと考えられる。また、後述するように、経営専門職員を育成するうえで、多くの解決すべき課題が残されており、しっかりした対応が必要であることを示唆していると思われる。

次に、経営専門職員の配置が必要であるかという問いに対しては、79人（76.7%）の事務長等が「必要であると思う」と答え、「現在は必要ないが、将来必要になると思う」が20人（19.4%）、「現在も、将来も必要ではないと思う」が3人（2.9%）であった。（無回答1人）実際に経営専門職員を配置していないものの、その必要性についての認識はきわめて高いものがあると考えられる。

経営専門職員の育成に取り組んでいるか尋ねたところ、「取り組んでいる」と回答したのは、12病院（11.7%）であり、残りの89病院（86.4%）では、とくに取り組んでいないことがわかった。（無回答2病院）また、具体的な育成方法としては、病院外研修（7病院）、病院内研修（3病院）、資格取得（2病院）等の順であった。

経営専門職員を育成するにあたっての課題について問うたところ、最も多い回答[3]は、「職員の人事ローテーション」（66人）、次いで「育成方法や内容の確立」（55人）、「職員の意欲」（42人）の順であった。以下、「予算の確保」（30人）、「病院全体の理解」（30人）、「費用対効果」（25人）、「研修プログラムの開発」（19人）、「その他」（8人）であった。

事務長アンケートから総じて言えることは、全国の自治体病院の事務長は、経営人材（経営専門職員）の配置の必要性を強く認識しているが、実際に配置しているところや、育成に取り組んでいるところは少ない状況であり、その育成にあたっては、多くの課題が認識されていることが判明した。

5　経営人材育成の課題

(1) 職員の人事ローテーション

　自治体病院では、事務部門の職員は、自治体の行政職員として採用され、病院は数多い配属先の一つに過ぎない。病院に配置されるまでは、土木部門で用地交渉の担当であったかもしれないし、税務部門で固定資産の評価事務を担当していたかもしれない。そして、病院に3～4年間勤務して次の異動先に転勤することになる。このような人事ローテーションのもとでは、1～2年かけて研修を受講させ、あるいは資格を取得させて経営人材を育成したとしても、すぐに別の所属に異動するのではないかという懸念を多くの事務長たちは感じているのではないか。それゆえ、先の事務長アンケートでは、図表11-1に示すように実に6割以上の事務長たちが経営人材育成にあたっての課題として、自治体病院の人事ローテーションをあげているのである。人事ローテーション、すなわち人事異動の理由や

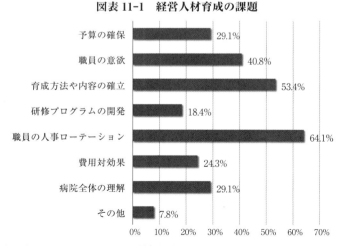

図表 11-1　経営人材育成の課題

出所）　事務長アンケートをもとに筆者作成。なお、回答者総数は103人であり、複数回答を可とした。

目的は、「適性発見の機会を提供すること、よりレベルの高い仕事を経験させ能力の伸長をはかること、仕事の経験の幅を広げ能力の幅を広げることなどがある」と説明されている。自治体組織全体としては人事ローテーションにより、職員の育成を図ろうとするが、個別の職場、とくに病院においては、必ずしも好ましいものとは受け取られていないのではないかと考えられる。職員の人事ローテーションという課題への対応については、自治体病院の組織形態ごとに考察する必要がある。

　まず、地方公営企業法の一部適用の病院は、首長部局の内部組織であるので、事務部門の職員は、ほかの所属の職員と同様のサイクルで人事異動が行われる。多くの事務長たちが指摘するように、病院のための経営人材を育成しても、1～2年で病院現場を離れることになる。対応としては、まず人事当局に昨今いくつかの自治体で採用されている「複線型人事制度」や「T型人材育成」を導入することが考えられる。複線型人事制度とは、「職員が自らの適性を活かして能力を最大限に発揮できるよう、一定の時期にジェネラリスト（総合職）、エキスパート（専任職）のコースを選択しキャリア形成できる」人事制度のことをいう。また、T型人材育成とは、「幅広い視野、多様な職務経験をベースにしつつ、特定の分野において高い専門的な知識や能力を有する」職員を育成することであり、いずれも民間企業や地方自治体で取り組まれている。病院の経営人材として一定のプロセスを経て育成した職員が、再び病院の現場に戻って経営改革に貢献できるようなルート（道筋）を作ることが重要である。病院において経営人材として通用する職員は、経営戦略論や組織論等の経営学、会計学、医療政策等に精通していると思われることから、自治体の他の部門でも十分に活躍が期待できると考えられる。

　次に、地方公営企業法の全部適用の病院は、一部適用の病院に比べ経営の自由度が高いものの、事務部門の職員の人事については、一定程度首長部局の関与があるといわれている。したがって、一部適用の病院と同様、複線型人事制度やT型人材育成を導入し、数年後に病院の経営人材として活躍できるシステムを構築することが重要である。現行制度のもとでは、職員の採用や昇進については、一部適用、全部適用にかかわりなく、

人事委員会または人事部門が行うこととなっている[8]。

一方、地方独立行政法人の経営する病院では、職員の採用、昇進、異動は、理事長の権限であり、法人が採用した職員は、法人が経営する病院において業務を遂行することとなる。したがって、経営人材として育成した職員は、長期的な観点から適切な人事配置を行い、将来のコア人材として育てていくべきある[9]。

(2) 育成方法や内容の確立

事務長アンケートで経営人材の育成にあたっての課題として、「育成方法や内容の確立」をあげた者が5割を超え、「研修プログラムの開発」を回答した者も2割近くを占めている。このことは、経営人材を育成する必要は認めつつも、いざ具体の段階になるとどのような人材を、どのようにして、どこで育成するのかといった基本的なところで苦慮しているのではないかということがうかがえる。

地方自治体の人材育成については、それぞれの自治体で策定された「人材育成基本方針」のもと、任命権者による研修やジョブ・ローテーションの積み重ねを中心に取り組まれている。自治体職員のための全国規模の研修機関として、国が設置した自治大学校、公益財団法人全国市町村研修財団が設置した市町村アカデミーおよび全国市町村国際文化研修所がある。また、都道府県や指定都市等では内部組織として研修機関を設置しており、都道府県設置の研修機関は、自らの職員を研修するとともに、市町村から受託して市町村職員の研修を行っている例も見られる。1990年代から2000年代にかけて創設された公共政策や自治体会計等を専門とする大学院も、自治体職員を対象としたカリキュラムを用意し、その人材育成を担っている。

専門研修については、自治体独自での取り組みのほか、より体系的で高度な内容が必要なことから、全国規模の研修機関で実施される場合もある。たとえば、地方税については、自治大学校、市町村アカデミー、全国市町村国際文化研修所がそれぞれ研修コースを設けている。監査について

は、監査事務局職員を対象に自治大学校が3か月の研修を実施している。この研修の修了者には、自治体の外部監査人となる資格が与えられる[10]。その他、消防職員は、消防庁所管の消防大学校、土木技術者については国土交通省設置の国土交通大学校、警察官に関しては警察庁設置の警察大学校等が、体系的なプログラムのもと高度で専門的な研修を行っている。このように自治体の特定の専門職員の人材育成については、国や各自治体により体系的、網羅的に取り組まれている。一方、自治体病院の経営に関しては、市町村アカデミーで病院事業の経営管理コースが市町村の担当職員から課長補佐職員までを対象に9日間の日程で設置されているほか、全国自治体病院協議会でも事務部職員を対象とした研修会が取り組まれている。さらに、公立を含めた病院の事務担当者を対象とした研修会も、各種団体の主催により実施されている。

　また、病院経営に関する大学院は、絶対数は多くはないものの、近年すこしずつ増加しており、入学者は、学部からの新卒者、医師、薬剤師、病院事務職員等多岐にわたっている。2年間にわたって経営学を中心とした密度の濃いカリキュラムで体系的な専門教育を行うのであるから、病院経営の即戦力となることは十分に期待できる。病院経営に関する資格は、病院経営管理士、医療経営士、診療情報管理士等があるが、国家資格ではなく、民間団体による認定である。いずれの資格も、取得するにあたっては、医療、経営管理等に関する相当の知識・技能が要求され、こうした資格の保有者は、病院経営に大いに貢献できると思われる。

　このように育成方法や内容、研修プログラムを検討するにあたっては、数多くの実例が存在するので、これらを参考にして全国規模の団体等が中心となって自治体病院にふさわしい経営人材の育成方法や内容等を整理し、プログラムを提供する必要がある。そして、実際にそれを活用するかは、個々の自治体病院の判断によるものと考えられる。

(3) 職員の意欲

　事務長アンケートでは、経営人材を育成するにあたっての課題として

「職員の意欲」を指摘した者は、4割を超えた。事務職員に対する評価は、たとえば「とくに事務職においては県の出先機関へ一定期間出向しているという意識が強く、前任者の業務を無難にこなすことを責務と考える、前例踏襲的な考え方が残っているのも事実であった[11]」など厳しいものもある。こうした評価と事務長たちが指摘した職員の人事ローテーションや職員の意欲とは同根であると考えられる。事務長の認識は、1～2年かけて経営人材として育成したとしても、すぐに別の所属に異動するのではないかというものであり、職員自身も病院の経営人材として成長することをあえて求めようとはしないという構図であろう。1970年代の前半に「病院の組織と人間関係」を著した杉政孝氏は、病院の事務部門の職員は、病院という規範組織で疎外感を持ち、職員の満足度が低くなっている例が見られていると論じた[12]。

　職員の意欲は、モチベーションの問題である。モチベーションは、動機づけ、意欲づけ、やる気を意味し、マズローの欲求段階説、マクレガーのX理論とY理論、アージリスの未成熟・成熟モデル、ハーズバーグの衛生理論など多くのモチベーション理論が展開されている。多様な専門職員で構成される病院組織の中での事務職員のモチベーションについては、どの理論がもっとも適合するのか、今後多くの知見を積み重ねる必要がある。とくに、自治体病院については、人事ローテーションという民間病院には少ない特殊性も考慮して実証的な検討を深めることが重要であると考える。

6　病院改革と経営人材

　病院における経営人材育成については、すでに1987（昭和62）年に当時の厚生省が設置した「医業経営の近代化・安定化に関する懇談会」の報告書において「経営に関する知識をもつ事務職員の確保、研修の実施、あるいは、資格認定制度の導入など資質向上のための方策を幅広く検討すべきである[13]」と提言されたところである。さらに、同報告書では「一定規模

第 11 章　経営人材の育成　185

以上の病院には、研修や資格認定などにより一定の資質を確保した事務長を置くという方向を目指すことが望ましい」と事務部門のトップの資格化にまで言及した。この報告以降、各種病院団体等による研修の実施、病院経営管理士や医療経営士等の資格の創設、大学における医療経営関係学科の設置等の取り組みが行われている。民間病院では、このような機会を活用して経営人材の育成をすすめてきたものと考えられる。事実、民間病院の中には自院のホームページで職員の病院経営管理士等の資格取得を紹介しているところも見られる。

　一方、自治体病院の経営人材については、事務長アンケートで明らかになったようにその配置や育成は進んでいないのが現状であり、議論されることはほとんどなかったが、2000年代になって齋藤貴生氏が、「医療機関の経営は、正式な医療経営学の教育を受けた専門家を有することなしに行われているのが現状である」[14]と指摘した。齋藤貴生氏は自治体病院の病院事業管理者や院長を歴任しており、これはおもに自治体病院を念頭に置いたものであると考えても差し支えなかろう。こうした指摘をしっかりと受け止め、経営人材の育成を図っていくことが自治体病院改革にとって重要である。[15]

注

1　中島明彦『ヘルスケア・マネジメント』同友館、2007年、267頁。
2　アンケートの実施については、2013年8月の全国自治体病院協議会主催の「事務長養成研修会」の参加者115名に調査票を配布し、103名から回答を得た。(回収率：89.6%) 回答者の属する病院の組織形態は、一部適用31（30.1 %）、全部適用57（55.3 %）、地方独立行政法人7（6.8%）、その他8（7.8%）であった。病床数は、100床未満10（9.7 %）、100～300床未満38（36.9 %）、300～500床未満28（27.2 %）、500床以上27（26.2%）であった。このアンケートの結果は、同年10月に京都市で開催された全国自治体病院学会で報告された。
3　この設問は、複数回答可とした。
4　今野浩一郎・佐藤博樹『人事管理入門第2版』日本経済新聞出版社、2009年、98頁。
5　佐賀県経営支援本部『佐賀県能力開発型人材マネジメントシステム』2006年、12頁。
6　中野区経営室『中野区人材育成ビジョン』2011年、13頁。

7　齋藤貴生氏は、「交流職員の人事異動には、首長部局の権限が強く残存している現実」を指摘している（齋藤貴生『自治体病院の経営改革』九州大学出版会、2012年、75頁）。
8　病院事業の管理者が、人事委員会の承認を得て、医師、看護師、薬剤師等の医療従事者の選考試験を直接行うことは、しばしば見られる。
9　ただし、地方独立行政法人への移行直後は、法人が採用した職員と自治体からの出向職員が混在する例が見られる。このような場合、出向職員は、3〜4年のローテーションで出向元の自治体に戻るケースが一般的である。
10　地方自治法では、都道府県、指定都市、中核市は包括外部監査契約の締結が義務づけられている。包括外部監査契約の相手方となるのが「外部監査人」である。外部監査人としての資格を有するのは、弁護士、公認会計士等のほか、地方自治体で監査若しくは財務に関する事務に5年間従事した者で自治大学校の監査事務課程を修了した者などに限定されている。
11　加藤進「外部から入った事務局長の見た自治体病院」『病院』医学書院、71巻6号、2012年6月、469頁。
12　杉政孝『病院の組織と人間関係』医学書院、1973年、286-296頁。
13　厚生省健康政策局編『これからの医業経営』中央法規出版、1987年、16頁。
14　齋藤貴生『自治体病院の経営改革』九州大学出版会、2012年、2頁。
15　本書は、『自治体病院における経営人材育成の意義と課題』（山之内稔・石原俊彦、ビジネス＆アカウンティングレビュー第12号、2013年12月）に加筆・修正したものである。

参考文献

池上直己『医療問題』日本経済新聞出版社、2006年。
伊関友伸『まちの病院がなくなる!?――地域医療の崩壊と再生』時事通信出版局、2007年。
伊丹敬之・加護野忠男『ゼミナール経営学入門』日本経済新聞社、1993年。
笠原英彦『日本の医療行政――その歴史と課題（Keio UP 選書）』慶應義塾大学出版会、1999年。
齋藤貴生『自治体病院の経営改革――原則と実践』九州大学出版会、2012年。
自治体病院経営研究会編『自治体病院経営ハンドブック（第21次改訂版）』ぎょうせい、2014年。
菅谷章『日本の病院――その歩みと問題点』中央公論社、1981年。
杉政孝『病院の組織と人間関係』医学書院、1973年。
総務省自治財政局編『地方公営企業年鑑第61集』2015年。
中島明彦『ヘルスケア・マネジメント――医療福祉経営の基本的視座』同友館、2007年。
公益社団法人日本栄養士会編『管理栄養士・栄養士必携――データ・資料集』第一出版、2010年。
橋本鉱市編著『専門職養成の日本的構造』玉川大学出版部、2009年。
病院経営MASTER編集委員会『病院経営MASTER VOL3.5』日本医学出版、2014年。
布施昌一『医師の歴史――その日本的特長』中央公論社、1979年。

【著者略歴】

石原　俊彦（いしはら・としひこ）

1989 年 3 月	関西学院大学大学院商学研究科博士課程後期課程満期退学
1989 年 8 月	公認会計士登録
2005 年 4 月	関西学院大学専門職大学院経営戦略研究科教授
2011 年 8 月	第 30 次地方制度調査会委員
2014 年 4 月	関西学院大学大学院経営戦略研究科ビジネススクール教授（現在に至る）
2014 年 7 月	一般社団法人英国勅許公共財務会計協会日本支部代表理事（現在に至る）
2015 年 7 月	英国勅許公共財務会計協会 CIPFA 本部理事（現在に至る）

山之内　稔（やまのうち・みのる）

1978 年 3 月	九州大学法学部卒業
1978 年 4 月	宮崎県庁採用
2009 年 4 月	関西学院大学専門職大学院経営戦略研究科非常勤講師（2016 年 3 月まで）
2013 年 4 月	宮崎県立宮崎病院事務局長
2015 年 4 月	宮崎県自治学院長
2016 年 3 月	宮崎県庁退職
2016 年 4 月	宮崎県職業能力開発協会事務局長
2016 年 7 月	同　専務理事（現在に至る）

自治体病院経営の基礎　CIPFA Japan Textbook No.1

2016 年 9 月 20 日初版第一刷発行

著　者	石原俊彦
	山之内稔
発行者	田中きく代
発行所	関西学院大学出版会
所在地	〒662-0891
	兵庫県西宮市上ケ原一番町 1-155
電　話	0798-53-7002
印　刷	協和印刷株式会社

©2016 Toshihiko Ishihara, Minoru Yamanouchi
Printed in Japan by Kwansei Gakuin University Press
ISBN 978-4-86283-225-2
乱丁・落丁本はお取り替えいたします。
本書の全部または一部を無断で複写・複製することを禁じます。